Wilhelm Tell.

A PLAY

BY

FR. v. SCHILLER.

WITH EXPLANATORY NOTES

BY

J. C. OEHLSCHLAGER,

Author of an English Pronouncing Dictionary and German Reader.

PHILADELPHIA:
PUBLISHED BY JOHN WEIK.
1851.

Stereotyped and printed by King & Baird, No. 9 Sansom St.

PREFACE.

Of all the German literary productions there is perhaps not one, with which Americans sympathize so completely as with Schiller's great Drama of Wilhelm Tell; the unity of the action, the spirit of liberty which pervades every line, the simplicity of the scenes, the few difficulties which its language presents, when compared with other works of equal worth, all combine to make this a general favorite with those who study the German language. The object in publishing this work in the present form is simply to place it within reach of everybody.

Some explanatory Notes have been added, where the idioms presented difficulties, or where words occurred, not generally found in Dictionaries, such as technical and local expressions, which Schiller places in the mouth of the Swiss peasant and shepherd.

To say any thing apologetic in offering this little volume to the public, would be out of place; it is one of those works which will live as long as the German language is spoken, or as long as there is a human heartstring left, which vibrates at the struggle of a nation to shake off the yoke of tyranny.

Bulwer says: "The play in which Schiller, with the fullest success, emancipates his art from himself, in which his own individuality the least moulds and influences his creations, seems to us his Wilhelm Tell"; and Madame de Stael, who devotes a considerable part of her work on Germany to the review of Wilhelm Tell, says: "As soon as you hear the first verses you think you hear the Alpine horn." In truth there are but few productions of genius which give so faithful a picture of what they pretend to delineate: for whether on the mountain top, on the stormy lake, or in the narrow defile, not a word is uttered, not a sound is heard, that could destroy the illusion; whoever has seen a good performance of Schiller's Wilhelm Tell has been in Switzerland.

J. C. OEHLSCHLAGER.

Personen.

Hermann Geßler, Reichsvogt[1] in Schwytz[2] und Uri.[3]
Werner, Freiherr[4] von Attinghausen, Bannerherr.[5]
Ulrich von Rudenz, sein Neffe.

Werner Stauffacher,
Konrad Hunn,
Itel Reding,
Hans auf der Mauer,
Jörg im Hofe,
Ulrich der Schmid,
Jost von Weiler,
} Landleute aus Schwytz.

Walther Fürst,
Wilhelm Tell,
Rösselmann, der Pfarrer,
Petermann, der Sigrist,
Kuoni, der Hirt,
Werni, der Jäger,
Ruodi, der Fischer,
} aus Uri.

Arnold vom Melchthal,
Konrad Baumgarten,
Meier von Sarnen,
Struth von Winkelried,
Claus von der Flüe,
Burkhart am Bühel,
Arnold von Sewa,
} aus Unterwalden.[6]

Pfeifer von Luzern.
Kunz von Gersau.
Jenni, Fischerknabe.
Seppi, Hirtenknabe.
Gertrud, Stauffacher's Gattin.
Hedwig, Tell's Gattin, Fürst's Tochter.
Bertha von Bruneck, eine reiche Erbin.

---

[1] Imperial governor; [2], [3] two cantons of Switzerland; [4] Baron, Baronet; [5] Baronet, Laird; [6] a canton of Switzerland.

Armgart,
Mechthild,
Elsbeth,
Hildegard, } Bäuerinnen.

Walther,
Wilhelm, } Tell's Knaben.

Frießhardt,
Leuthold, } Söldner.

Rudolph der Harras, Geßler's Stallmeister.
Johannes Parricida, Herzog von Schwaben
Stüssi, der Flurschütz.[1]
Der Stier von Uri.
Ein Reichsbote.
Frohnvogt.[2]
Meister Steinmetz, Gesellen und Handlanger.
Oeffentliche Ausrufer.
Barmherzige Brüder.
Geßlerische und Landenbergische[3] Reiter.
Viele Landleute, Männer und Weiber aus den Waldstädten.

[1] Ranger; [2] Overseer of forced laborers; [3] Landenberg, one of the Imperial governors.

ABBREVIATIONS.

Acc.	Accusative case.
Lit.	Literally.
Nom.	Nominative case.
Part.	Participle.
Pr.	Provincialism.
Prov.	Proverb.
P. N.	Proper noun.
Sw.	Swiss.
V. imp.	Impersonal verb.

Erster Aufzug.

1307

Erste Scene.

Hohes Felsenufer des Vierwaldstädtersees,[1] Schwytz gegenüber.

Der See macht eine Bucht ins Land, eine Hütte ist unweit dem Ufer, **Fischerknabe** fährt sich in einem Kahn. Ueber den See hinweg sieht man die grünen Matten,[2] Dörfer und Höfe von Schwytz im hellen Sonnenschein liegen. Zur Linken des Zuschauers zeigen sich die Spitzen des Haken,[3] mit Wolken umgeben; zur Rechten im fernen Hintergrunde sieht man die Eisgebirge. Noch ehe der Vorhang aufgeht, hört man den Kuhreihen[4] und das harmonische Geläute der Heerdenglocken, welches sich auch bei eröffneter Scene noch eine Zeitlang fortsetzt.

Fischerknabe (singt im Kahn).

Melodie des Kuhreihens.

Es lächelt der See, er ladet zum Bade,
Der Knabe schlief ein am grünen Gestade,
Da hört er ein Klingen,
Wie Flöten so süß,
Wie Stimmen der Engel
Im Paradies.
Und, wie er erwachet in seliger Lust,
Da spülen die Wasser ihm um die Brust.
Und es ruft aus den Tiefen:
Lieb Knabe bist mein!
Ich locke den Schläfer,
Ich zieh' ihn herein.

---

[1] Lake of Lucern; [2] meadows; [3] P. N. a mountain; [4] a favorite Swiss melody (ranz des vaches.)

Hirt (singt auf dem Berge).

Variation des Kuhreihens.

Ihr Matten lebt Wohl!
Ihr sonnige Weiden!
Der Senne[1] muß scheiden,
Der Sommer ist hin.
Wir fahren zu Berg, wir kommen wieder,
Wenn der Kukuk ruft, wenn erwachen die Lieder,
Wenn mit Blumen die Erde sich kleidet neu,
Wenn die Brünnlein fließen im lieblichen Mai.
Ihr Matten, lebt wohl!
Ihr sonnige Weiden,
Der Senne muß scheiden,
Der Sommer ist hin.

Alpenjäger
(erscheint gegenüber auf der Höhe des Felsens).
Zweite Variation.

Es donnern die Höhen, es zittert der Steg
Nicht grauet dem Schützen auf schwindlichem Weg;
Er schreitet verwegen
Auf Feldern von Eis;
Da pranget kein Frühling,
Da grünet kein Reis;
Und, unter den Füßen ein nebliges Meer,
Erkennt er die Städte der Menschen nicht mehr;
Durch den Riß nur der Wolken
Erblickt er die Welt,
Tief unter den Wassern
Das grünende Feld.

(Die Landschaft verändert sich, man hört ein dumpfes Krachen von den Bergen, Schatten von Wolken laufen über die Gegend.)

[1] Shepherd in the mountains.

Ruodi, der Fischer, kommt aus der Hütte. **Werni,** der Jäger, steigt vom Felsen. **Kuoni,** der Hirt, kommt mit dem Melknapf[1] auf der Schulter; **Seppi,** sein Handbube, folgt ihm.

Ruodi.

Mach' hurtig, Jenni. Zieh' die Naue[2] ein.
Der graue Thalvogt[3] kommt, dumpf brüllt der Firn,[4]
Der Mythenstein[5] zieht seine Haube an,[6]
Und kalt her bläst es aus dem Wetterloch:
Der Sturm, ich mein', wird da sein, eh' wir's denken.

Kuoni.

's kommt Regen, Fährmann. Meine Schafe fressen
Mit Begierde Gras, und Wächter[7] scharrt die Erde.[8]

Werni.

Die Fische springen, und das Wasserhuhn
Taucht unter. Ein Gewitter ist im Anzug.

Kuoni (zum Buben).

Lug',[9] Seppi, ob das Vieh sich nicht verlaufen?

Seppi.

Die braune Liesel[10] kenn' ich am Geläut'.

Kuoni.

So fehlt uns keine mehr, die geht am Weitsten.

Ruodi.

Ihr habt ein schön Geläute,[11] Meister Hirt.

Werni.

Und schmuckes Vieh — Ist's Euer eignes, Landsmann?

Kuoni.

Bin nit[12] so reich — 's ist meines gnädigen Herrn,
Des Attinghäusers,[13] und mir zugezählt.

---

[1] Milking-pail; [2] boat; [3] Governor of the valley, here used for "fog, mist;" [4] glacier.; [5] P. N; [6] lit. puts on its cap, meaning hides its top in the mist or clouds; [7] Watcher, name of a dog; [8] these and the following are considered as indications of a coming storm; [9] Sw. Pr. look; [10] name of the cow; [11] set of bells; [12] Nit for nicht; [13] P. N.

Ruodi.

Wie schön der Kuh das Band zu Halse steht.

Kuoni.

Das weiß sie auch, daß sie den Reihen führt,
Und, nähm' ich ihr's, sie hörte auf, zu fressen.

Ruodi.

Ihr seid nicht klug, ein unvernünft'ges Vieh —

Werni.

Ist bald gesagt. Das Thier hat auch Vernunft:
Das wissen **wir**, die wir die Gemsen jagen.
Die stellen klug, wo sie zur Weide gehn,
'ne Vorhut aus,[1] die spitzt das Ohr[2] und warnet
Mit heller Pfeife, wenn der Jäger naht.

Ruodi (zum Hirten).

Treibt Ihr jetzt heim?

Kuoni.

Die Alp ist abgeweidet.

Werni.

Glückſel'ge Heimkehr, Senn'!

Kuoni.

Die wünsch' ich Euch.
Von Eurer Fahrt[3] kehrt sich's nicht immer wieder.

Ruodi.

Dort kommt ein Mann in voller Hast gelaufen.

Werni.

Ich kenn' ihn, 's ist der Baumgart von Alzellen.[4]

Konrad Baumgarten (athemlos hereinstürzend).

Baumgarten.

Um Gotteswillen, Fährmann, euren Kahn!

Ruodi.

Nun, nun, was gibt's so eilig?

[1] Eine Vorhut ausstellen, to throw out a vanguard or out-post; [2] to prick up one's ears; [3] journey; [4] P. N.

Baumgarten.

Bindet los!

Ihr rettet mich vom Tode! Setzt mich über!

Kuoni.

Landsmann, was habt Ihr?

Werni.

Wer verfolgt Euch denn?

Baumgarten (zum Fischer).

Eilt, eilt, sie sind mir dicht schon an den Fersen!
Des Landvogts Reiter kommen hinter mir;
Ich bin ein Mann des Tods, wenn sie mich greifen.

Ruodi.

Warum verfolgen Euch die Reisigen?[1]

Baumgarten.

Erst rettet mich, und dann steh' ich Euch Rede.

Werni.

Ihr seid mit Blut befleckt, was hat's gegeben?

Baumgarten.

Des Kaisers Burgvogt,[2] der auf Roßberg saß —]

Kuoni.

Der Wolfenschießen?[3] Läßt Euch der verfolgen?

Baumgarten.

Der schadet nicht mehr; ich hab' ihn erschlagen.

Alle (fahren zurück.)

Gott sei Euch gnädig! Was habt Ihr gethan?

Baumgarten.

Was jeder freie Mann an meinem Platz![4]
Mein gutes Hausrecht hab' ich ausgeübt
Am Schänder meiner Ehr' und meines Weibes.

Kuoni.

Hat Euch der Burgvogt an der Ehr' geschädigt?

---

[1] Troopers; [2] Castellan; [3] P. N.; [4] gethan haben würde, *understood*.

Baumgarten.

Das er sein bös Gelüsten nicht vollbracht,
Hat Gott und meine gute Axt verhütet.

Werni.

Ihr habt ihm mit der Axt den Kopf zerspalten?

Kuoni.

O, laßt uns Alles hören, Ihr habt Zeit,
Bis er den Kahn vom Ufer losgebunden.

Baumgarten.

Ich hatte Holz gefällt im Wald, da kommt
Mein Weib gelaufen in der Angst des Todes:[1]
„Der Burgvogt lieg' in meinem Haus, er hab'
Ihr anbefohlen, ihm ein Bad zu rüsten.
Drauf hab' er Ungebührliches von ihr
Verlangt, sie sei entsprungen, mich zu suchen."
Da lief ich frisch hinzu, so wie ich war,
Und mit der Axt hab' ich ihm's Bad gesegnet.

Werni.

Ihr thatet wohl, kein Mensch kann Euch drum schelten.

Kuoni.

Der Wütherich! Der hat nun seinen Lohn!
Hat's lang verdient ums Volk von Unterwalden.

Baumgarten.

Die That ward ruchbar; mir wird nachgesetzt —
Indem wir sprechen — Gott — verrinnt die Zeit —

(Es fängt an zu donnern.)

Kuoni.

Frisch, Fährmann — schaff' den Biedermann hinüber!

Ruodi.

Geht nicht. Ein schweres Ungewitter ist
Im Anzug. Ihr müßt warten.

---

[1] Und sagte, *understood*.

Baumgarten.

Heiliger Gott!
Ich kann nicht warten. Jeder Aufschub tödtet —

Kuoni (zum Fischer).

Greif' an[1] mit Gott! Dem Nächsten muß man helfen:
Es kann uns Allen Gleiches ja begegnen.

(Brausen und Donnern.)

Ruodi.

Der Föhn[2] ist los; ihr seht, wie hoch der See geht:
Ich kann nicht steuern gegen Sturm und Wellen.

Baumgarten (umfaßt seine Knie).

So helf' Euch Gott, wie Ihr Euch mein erbarmet —

Werni.

Es geht ums Leben. Sei barmherzig, Fährmann!

Kuoni.

's ist ein Hausvater und hat Weib und Kinder!

(Wiederholte Donnerschläge.)

Ruodi.

Was? Ich hab' auch ein Leben zu verlieren,
Hab' Weib und Kind daheim, wie er — Seht hin,
Wie's brandet, wie es wogt und Wirbel zieht[3]
Und alle Wasser aufrührt in der Tiefe.
— Ich wollte gern den Biedermann erretten;
Doch es ist rein unmöglich, ihr seht selbst.

Baumgarten (noch auf den Knien).

So muß ich fallen in des Feindes Hand,
Das nahe Rettungsufer im Gesichte!
— Dort liegt's! Ich kann's erreichen mit den Augen
Hinüberdringen kann der Stimme Schall,

[1] Begin, lay hold; [2] a wind peculiar to this part of Switzerland, the lake becomes unnavigable, and all fires in the houses must be extinguished by law; [3] Wirbel ziehen, to form eddies.

Da ist der Kahn, der mich hinübertrüge,
Und muß hier liegen, hülflos, und verzagen!

Kuoni.

Seht, wer da kommt!

Werni.

Es ist der Tell aus Bürglen.

Tell (mit der Armbrust).

Tell.

Wer ist der Mann, der hier um Hülfe fleht?

Kuoni.

's is ein Alzeller Mann: er hat sein' Ehr'
Vertheidigt und den Wolfenschieß erschlagen,
Des Königs Burgvogt, der auf Roßberg[1] saß —
Des Landvogts Reiter sind ihm auf den Fersen.
Er fleht den Schiffer um die Ueberfahrt;
Der fürcht't sich vor dem Sturm und will nicht fahren.

Ruodi.

Da ist der Tell, er führt das Ruder auch:[2]
Der soll mir's zeugen, ob die Fahrt zu wagen.
(Heftige Donnerschläge, der See rauscht auf.)
Ich soll mich in den Höllenrachen stürzen?
Das thäte Keiner, der bei Sinnen ist.

Tell.

Der brave Mann denkt an sich selbst zuletzt.
Vertrau' auf Gott und rette den Bedrängten!

Ruodi.

Vom sichern Port läßt sich's gemächlich rathen![3]
Da ist der Kahn, und dort der See. Versucht's!

Tell.

Der See kann sich, der Landvogt nicht erbarmen.
Versuch' es Fährmann!

---

[1] P. N. [2] das Ruder führen, to be able to steer; Ruder also means oar; [3] läßt sich's gemächlich rathen, it is easy to advise.

Hirten und Jäger.

Rett' ihn! Rett' ihn! Rett' ihn!

Ruodi.

Und wär's mein Bruder und mein leiblich Kind,
Es kann nicht sein; 's ist heut Simon und Judä,[1]
Da rast der See und will sein Opfer haben.

Tell.

Mit eitler Rede wird hier nichts geschafft;
Die Stunde dringt, dem Mann muß Hülfe werden.
Sprich, Fährmann, willst du fahren?

Ruodi.

Nein, nicht ich!

Tell.

In Gottes Namen denn! Gib her den Kahn!
Ich will's mit meiner schwachen Kraft versuchen.

Kuoni.

Ha, wackrer Tell!

Werni.

Das gleicht dem Waidgesellen![2]

Baumgarten.

Mein Retter seid Ihr und mein Engel, Tell!

Tell.

Wohl aus des Vogts Gewalt errett' ich Euch!
Aus Sturmes Nöthen muß ein Andrer helfen.
Doch besser ist's, Ihr fallt in Gottes Hand
Als in der Menschen!

(Zu dem Hirten.)

Landsmann, tröstet Ihr
Mein Weib, wenn mir was Menschliches begegnet.
Ich hab' gethan, was ich nicht lassen konnte.

(Er springt in den Kahn.)

This is St. Simon and Jude, on that day rages the lake and demands its victim; [2]some superstitious belief, that on this day some person was to be drowned in the lake; [2]hunter.

Kuoni (zum Fischer).

Ihr seid ein Meister, Steuermann. Was sich
Der Tell getraut, Das konntet Ihr nicht wagen?

Ruodi.

Wohl beff're Männer thun's dem Tell nicht nach:
Es gibt nicht Zwei, wie der ist, im Gebirge.

Werni (ist auf den Fels gestiegen).

Er stößt schon ab. Gott helf' dir, braver Schwimmer!
Sieh', wie das Schifflein auf den Wellen schwankt.

Kuoni (am Ufer).

Die Flut geht drüber weg — ich seh's nicht mehr.
Doch, halt', da ist es wieder! Kräftiglich
Arbeitet sich der Wackre durch die Brandung.

Seppi.

Des Landvogts Reiter kommen angesprengt.

Kuoni.

Weiß Gott, sie sind's! Das war Hülf' in der Noth.

Ein Trupp landenbergischer Reiter.

Erster Reiter.

Den Mörder gebt heraus, den ihr verborgen!

Zweiter.

Des Wegs kam er: umsonst verhehlt ihr ihn.

Kuoni und **Ruodi.**

Wen meint ihr, Reiter?

Erster Reiter (entdeckt den Nachen).

Ha, was seh' ich! Teufel!

Werni (oben).

Ist's Der im Nachen, den ihr sucht? — Reit zu!
Wenn ihr frisch beilegt,[1] holt ihr ihn noch ein.[2]

Zweiter.

Verwünscht! Er ist entwischt.

---

[1] Frisch beilegen, to spur hard; [2] einholen, to overtake.

Erster (zum Hirten und Fischer).

Ihr habt ihm fortgeholfen.
Ihr sollt uns büßen — Fallt in ihre Heerde!
Die Hütte reißet ein, brennt und schlagt nieder!
(Eilen fort.)

Seppi (stürzt nach).

O meine Lämmer!

Kuoni (folgt).

Weh' mir, meine Heerde!

Werni.

Die Wüthriche!

Ruodi (ringt die Hände).

Gerechtigkeit des Himmels
Wann wird der Retter kommen in diesem Lande?
(Folgt ihnen.)

Zweite Scene.

Zu Steinen [1] in Schwytz, eine Linde vor des Stauffachers Hause an der Landstraße, nächst der Brücke.

Werner, Stauffacher, Pfeifer von Luzern
kommen im Gespräche.

Pfeifer.

Ja, ja, Herr Stauffacher, wie ich Euch sagte,
Schwört nicht zu Oestreich, [2] wenn ihr's könnt vermeiden.
Haltet fest am Reich und wacker, wie bisher!
Gott schirme euch bei eurer alten Freiheit!
(Drückt ihm herzlich die Hand und will gehen.)

Stauffacher.

Bleibt doch, bis meine Wirthin [3] kommt — Ihr seid
Mein Gast zu Schwytz, ich in Luzern der Eure.

---

[1] P.N.; [2] Austria; [3] wife.

Pfeifer.

Viel Dank! Muß heute Gërsau[1] noch erreichen.
— Was ihr auch Schweres mögt zu leiden haben
Von eurer Vögte Geiz und Uebermuth,
Tragt's in Geduld! Es kann sich ändern schnell:
Ein andrer Kaiser kann ans Reich gelangen.
Seid ihr erst Oesterreichs, seid ihr's auf immer.[2]

(Er geht ab. Stauffacher setzt sich kummervoll auf eine Bank unter der Linde. So findet ihn **Gertrud,** seine Frau, die sich neben ihn stellt und ihn eine Zeitlang schweigend betrachtet.)

Gertrud.

So ernst, mein Freund? Ich kenne dich nicht mehr.
Schon viele Tage seh' ich's schweigend an,
Wie finstrer Trübsinn deine Stirne furcht.
Auf deinem Herzen drückt ein still Gebresten.[3]
Vertrau' es mir: ich bin dein treues Weib,
Und meine Hälfte fordr' ich deines Grams.

(Stauffacher reicht ihr die Hand und schweigt.)

Was kann dein Herz beklemmen, sag' es mir.
Gesegnet ist dein Fleiß, dein Glücksstand blüht,
Voll sind die Scheunen, und der Rinder Schaaren,
Der glatten Pferde wohlgenährte Zucht[4]
Ist von den Bergen glücklich heimgebracht
Zur Winterung in den bequemen Ställen.
— Da steht dein Haus, reich, wie ein Edelsitz;
Von schönem Stammholz ist es neu gezimmert
Und nach dem Richtmaß[5] ordentlich gefügt;
Von vielen Fenstern glänzt es wohnlich, hell;
Mit bunten Wappenschildern ist's bemalt
Und weisen Sprüchen,[6] die der Wandersmann
Verweilend liest und ihren Sinn bewundert.

---

[1] P. N.; [2] if *once* you belong to Austria, you belong to her for ever; [3] grief; [4] the well fed breed of sleek horses; [5] according to the square and line; [6] with wise saws (sayings). It is a common custom in Switzerland to paint proverbs &c. on the houses.

Stauffacher.

Wohl steht das Haus gezimmert und gefügt,
Doch, ach — es wankt der Grund, auf den wir bauten.

Gertrud

Mein Werner, sage, wie verstehst du Das?

Stauffacher.

Vor dieser Linde saß ich jüngst, wie heut',
Das schön Vollbrachte freudig überdenkend:
Da kam daher von Küßnacht,[1] seiner Burg,
Der Vogt mit seinen Reisigen geritten.
Vor diesem Hause hielt er wundernd an;
Doch ich erhob mich schnell, und unterwürfig,
Wie sich's gebührt, trat ich dem Herrn entgegen,
Der uns des Kaisers richterliche Macht
Vorstellt im Lande. Wessen ist das Haus?
Fragt' er bösmeinend,[2] denn er wußt' es wohl.
Doch schnell besonnen ich entgegn' ihm so:
Dies Haus, Herr Vogt, ist meines Herrn des Kaisers
Und Eures und mein Lehen — Da versetzt er:
„Ich bin Regent im Land an Kaisers Statt
Und will nicht, daß der Bauer Häuser baue
Auf seine eigne Hand[3] und also frei
Hinleb', als ob er Herr wär' in dem Lande:
Ich werd' mich unterstehn,[4] Euch das zu wehren."
Dies sagend, ritt er trutziglich von dannen;
Ich aber blieb mit kummervoller Seele,
Das Wort bedenkend, das der Böse sprach.

Gertrud.

Mein lieber Herr und Ehewirth! Magst du
Ein redlich Wort von deinem Weib vernehmen?

---

[1] P. N.; [2] with evil intent; [3] my feoff, held by me in fee, auf seine eigne Hand, without authority; [4] sich unterstehen, to dare.

Des edeln Ibergs Tochter rühm' ich mich,[1]
Des vielerfahrnen Manns. Wir Schwestern saßen,
Die Wolle spinnend, in den langen Nächten,
Wenn bei dem Vater sich des Volkes Häupter
Versammelten, die Pergamente lasen
Der alten Kaiser und des Landes Wohl
Bedachten in vernünftigem Gespräch.
Aufmerkend hört' ich da manch kluges Wort,
Was der Verständ'ge denkt, der Gute wünscht,
Und still im Herzen hab' ich mir's bewahrt.
So höre denn und acht' auf meine Rede!
Denn, was dich preßte, sieh', Das wußt' ich längst.
— Dir grollt der Landvogt, möchte gern dir schaden,
Denn du bist ihm ein Hinderniß, daß sich
Der Schwyzer[2] nicht dem neuen Fürstenhaus
Will unterwerfen, sondern treu und fest
Beim Reich beharren, wie die würdigen
Altvordern[3] es gehalten und gethan. —
Ist's nicht so, Werner? Sag' es, wenn ich lüge!

Stauffacher.

So ist's, Das ist des Geßler's Groll auf mich.

Gertrud.

Er ist dir neidisch, weil du glücklich wohnst,
Ein freier Mann auf deinem eignen Erbe,
— Denn er hat keins. Vom Kaiser selbst und Reich
Trägst du dies Haus zu Lehn; du darfst es zeigen,
So gut der Reichsfürst[4] seine Länder zeigt:
Denn über dir erkennst du keinen Herrn,
Als nur den Höchsten in der Christenheit
Er[5] ist ein jüngrer Sohn nur seines Hauses;

[1] Zu sein, *understood*; [2] the inhabitants of the canton of Schwyz; [3] ancestor; [4] Prince of the empire; [5] he (meaning the governor).

Nichts nennt er sein als seinen Rittermantel:
Drum sieht er jedes Biedermannes Glück
Mit scheelen Augen[1] gift'ger Mißgunst an.
Dir hat er längst den Untergang geschworen —
Noch stehst du unversehrt. — Willst du erwarten,
Bis er die böse Lust an dir gebüßt?[2]
Der kluge Mann baut vor.[3]

Stauffacher.

Was ist zu thun?

Gertrud (tritt näher).

So höre meinen Rath! Du weißt, wie hier
Zu Schwyz sich alle Redliche beklagen —
Ob'[4] dieses Landvogts Geiz und Wüterei.
So zweifle nicht, daß sie dort drüben auch
In Unterwalden[5] und im Urner Land[6]
Des Dranges müd' sind und des harten Jochs —
Denn, wie der Geßler hier, so schafft[7] es frech
Der Landenberger drüben überm See —
Es kommt kein Fischerkahn zu uns herüber,
Der nicht ein neues Unheil und Gewalt-
Beginnen[8] von den Vögten uns verkündet.
Drum thät es gut, daß euer Etliche,
Die's redlich meinen, still zu Rathe gingen,
Wie man des Drucks sich möcht' erledigen:
So acht' ich wohl, Gott würd' euch nicht verlassen
Und der gerechten Sache gnädig sein —
Hast du in Uri keinen Gastfreund,[9] sprich,
Dem du dein Herz magst redlich offenbaren?

---

[1] With an envious eye; [2] Seine Lust büßen, to gratify one's desires; [3] vorbauen, to anticipate, to take precautionary measures; [4] at. [5] P. N.; [6] the land of Uri; [7] to act, to do; [8] Gewaltbeginnen, violence; [9] a friend who has enjoyed our hospitality, or whose hospitality we have enjoyed, and on whom, for that reason we may count.

Stauffacher.

Der wackern Männer kenn' ich viele dort
Und angesehen große Herrenleute,
Die mir geheim sind und gar wohl vertraut.[1]

(Er steht auf.)

Frau, welchen Sturm gefährlicher Gedanken
Weckst du mir in der stillen Brust! Mein Innerstes
Kehrst du ans Licht des Tages mir entgegen,
Und, was ich mir zu denken still verbot,
Du sprichst's mit leichter Zunge kecklich aus.
— Hast du auch wohl bedacht, was du mir räthst
Die wilde Zwietracht und den Klang der Waffen
Rufst du in dieses friedgewohnte Thal
Wir wagten[2] es, ein schwaches Volk der Hirten,
In Kampf zu gehen mit dem Herrn der Welt?
Der gute Schein nur ist's, worauf sie warten,
Um loszulassen auf dies arme Land
Die wilden Horden ihrer Kriegesmacht,
Darin zu schalten mit des Siegers Rechten
Und unterm Schein gerechter Züchtigung
Die alten Freiheitsbriefe[3] zu vertilgen.

Gertrud.

Ihr seid auch Männer, wisset eure Art
Zu führen, und dem Muthigen hilft Gott!

Stauffacher.

O Weib! Ein furchtbar wüthend Schreckniß ist
Der Krieg: die Heerde schlägt er und den Hirten.

Gertrud.

Ertragen muß man, was der Himmel sendet;
Unbilliges erträgt kein edles Herz.

---

[1] Intimate and trusty; [2] should dare; [3] charter.

Stauffacher.

Dies Haus erfreut dich, was wir neu erbauten;
Der Krieg, der ungeheure, brennt es nieder.

Gertrud.

Wüßt ich mein Herz an zeitlich Gut gefesselt,
Den Brand wärf' ich hinein mit eigner Hand.

Stauffacher.

Du glaubst an Menschlichkeit! Es schont der Krieg
Auch nicht das zarte Kindlein in der Wiege.

Gertrud.

Die Unschuld hat im Himmel einen Freund!
— Sieh' vorwärts, Werner, und nicht hinter dich!

Stauffacher.

Wir Männer können tapfer fechtend sterben;
Welch Schicksal aber wird das eure sein?

Gertrud.

Die letzte Wahl steht auch dem Schwächsten offen:
Ein Sprung von dieser Brücke macht mich frei.

Stauffacher (stürzt in ihre Arme).

Wer solch ein Herz an seinen Busen drückt,
Der kann für Herd und Hof mit Freuden fechten,
Und keines Königs Heermacht fürchtet er —
Nach Uri fahr' ich stehnden Fußes gleich.[1]
Dort lebt ein Gastfreund mir, Herr Walter Fürst,
Der über diese Zeiten denkt, wie ich.
Auch find' ich dort den edlen Bannerherrn
Von Attinghaus — obgleich von hohem Stamm,
Liebt er das Volk und ehrt die alten Sitten.
Mit ihnen Beiden pfleg'[2] ich Raths, wie man
Der Landesfeinde muthig sich erwehrt —
Leb' wohl — und, weil ich fern bin, führe du
Mit klugem Sinn das Regiment des Hauses —

[1] As I am; [2] Raths pflegen, to advise, to consult with.]

Dem Pilger, der zum Gotteshause wallt,
Dem frommen Mönch, der für sein Kloster sammelt,
Gib reichlich, und entlaß ihn wohl gepflegt.
Stauffachers Haus verbirgt sich nicht. Zu äußerst
Am offnen Heerweg steht's, ein wirthlich Dach
Für alle Wanderer, die des Weges fahren.

(Indem sie nach dem Hintergrund abgehen, tritt **Wilhelm Tell** mit Baumgarten vorn auf die Scene.)

Tell (zu Baumgarten)

Ihr habt jetzt meiner weiter nicht vonnöthen.
Zu jenem Hause gehet ein: dort wohnt
Der Stauffacher, ein Vater der Bedrängten.
— Doch, sieh', da ist er selber — Folgt mir, kommt!

(Gehen auf ihn zu; die Scene verwandelt sich.)

Dritte Scene.

Oeffentlicher Platz bei Altdorf.[2]

Auf einer Anhöhe im Hintergrunde sieht man eine Veste bauen, welche schon so weit gediehen,[3] daß sich die Form des Ganzen darstellt. Die hintere Seite ist fertig, an der vordern wird eben gebaut, das Gerüste steht noch, an welchem die Werkleute auf und niedersteigen; auf dem höchsten Dach hängt der Schieferdecker — Alles ist in Bewegung und Arbeit.

Frohnvogt. Meister Steinmetz. Gesellen und Handlanger.

Frohnvogt
(mit dem Stabe, treibt die Arbeiter).

Nicht lang gefeiert,[4] frisch! Die Mauersteine
Herbei! den Kalk, den Mörtel zugefahren,[5]
Wenn der Herr Landvogt kommt, daß er das Werk
Gewachsen sieht! — Das schlendert, wie die Schnecken!

[1] Quite outside; [2] P. N.; [3] ist understood; [4] to rest; [5] Past Part. inst. of Imper. bring here, carry here.

(Zu zwei Handlangern, welche tragen.)
Heißt Das geladen? Gleich das Doppelte!
Wie die Tagdiebe ihre Pflicht bestehlen![1]

Erster Gesell.

Das ist doch hart, daß wir die Steine selbst
Zu unserm Twing[2] und Kerker sollen fahren!

Frohnvogt.

Was murret ihr? Das ist ein schlechtes Volk,
Zu nichts anstellig,[3] als das Vieh zu melken
Und faul herum zu schlendern auf den Bergen.

Alter Mann (ruht aus).

Ich kann nicht mehr.

Frohnvogt (schüttelt ihn).

Frisch, Alter, an die Arbeit!

Erster Gesell.

Habt Ihr denn gar kein Eingeweid', daß Ihr
Den Greis, der kaum sich selber schleppen kann,
Zum harten Frohndienst[4] treibt?

Meister Steinmetz und Gesellen,

's ist himmelschreiend!

Frohnvogt.

Sorgt ihr für euch; ich thu', was meines Amts.

Zweiter Gesell.

Frohnvogt, wie wird die Veste denn sich nennen,
Die wir da baun?

Frohnvogt.

Zwing Uri[5] soll sie heißen!
Denn unter dieses Joch wird man euch beugen.

Gesellen.

Zwing Uri!

[1] Seine Pflicht bestehlen, to neglect one's duty; [2] fort, dungeon; [3] fit; [4] forced labor; [5] subjugate, force Uri.

Frohnvogt.

Nun, was gibt's dabei zu lachen?

Zweiter Gesell.

Mit diesem Häuslein wollt ihr Uri zwingen?

Erster Gesell.

Laß sehn, wie viel man solcher Maulwurfshaufen
Muß über 'nander setzen, bis ein Berg
Draus wird, wie der geringste nur in Uri!

(Frohnvogt geht nach dem Hintergrund.)

Meister Steinmetz.

Den Hammer werf' ich in den tiefsten See,
Der mir gedient bei diesem Fluchgebäude!

Tell und **Stauffacher** kommen

Stauffacher.

O, hätt' ich nie gelebt, um Das zu schauen!

Tell.

Hier ist nicht gut sein. Laßt uns weiter gehn.

Stauffacher.

Bin ich zu Uri, in der Freiheit Land?

Meister Steinmetz.

O Herr, wenn Ihr die Keller erst gesehn
Unter den Thürmen! Ja, wer die bewohnt,
Der wird den Hahn nicht fürder[1] krähen hören.

Stauffacher.

Steinmetz.

Seht diese Flanken, diese Strebepfeiler,
Die stehn, wie für die Ewigkeit gebaut!

[1] Fürder inst. of in Zukunft, henceforth.

Tell.

Was Hände bauten, können Hände stürzen.

(Nach den Bergen zeigend.)

Das Haus der Freiheit hat uns Gott gegründet.

(Man hört eine Trommel, es kommen Leute, die einen Hut auf einer Stange tragen, ein **Ausrufer** folgt ihnen, Weiber und Kinder dringen tumultuarisch nach.)

Erster Gesell.

Was will die Trommel? Gebet Acht!

Meister Steinmetz.

Was für
Ein Fastnachtsaufzug,[1] und was soll der Hut?

Ausrufer.

In des Kaisers Namen! Höret!

Gesellen.

Still doch! Höret!

Ausrufer.

Ihr seht diesen Hut, Männer von Uri!
Aufrichten wird man ihn auf hoher Säule,
Mitten in Altdorf, an dem höchsten Ort,
Und Dieses ist des Landvogts Will' und Meinung:
Dem Hut soll gleiche Ehre, wie ihm selbst, geschehn.
Man soll ihn mit gebognem Knie und mit
Entblößtem Haupt verehren — Daran will
Der König die Gehorsamen erkennen.
Verfallen[2] ist mit seinem Leib und Gut
Dem Könige, wer das Gebot verachtet.

(Das Volk lacht laut auf, die Trommel wird gerührt, sie gehen vorüber.)

Erster Gesell.

Welch neues Unerhörtes hat der Vogt
Sich ausgesonnen! Wir 'nen Hut verehren!
Sagt! Hat man je vernommen von dergleichen?

---

[1] Carnival procession; [2] forfeited.

Meister Steinmetz.

Wir unsre Knie beugen einem Hut!
Treibt er sein Spiel mit ernsthaft würd'gen Leuten?

Erster Gesell.

Wär's noch die kaiserliche Kron'! So[1] ist's
Der Hut von Oesterreich; ich sah ihn hangen
Ueber dem Thron, wo man die Lehen[2] gibt!

Meister Steinmetz.

Der Hut von Oesterreich! Gebt Acht, es ist
Ein Fallstrick, uns an Oestreich zu verrathen!

Gesellen.

Kein Ehrenmann wird sich der Schmach bequemen.[3]

Meister Steinmetz.

Kommt, laßt uns mit den Andern Abred' nehmen.

(Sie gehen nach der Tiefe.)

Tell (zum Stauffacher.)

Ihr wisset nun Bescheid.[4] Lebt wohl, Herr Werner!

Stauffacher.

Wo wollt Ihr hin! O, eilt nicht so von dannen.

Tell.

Mein Haus entbehrt[5] des Vaters. Lebet wohl!

Stauffacher.

Mir ist das Herz so voll, mit Euch zu reden.

Tell.

Das schwere Herz wird nicht durch Worte leicht.

Stauffacher.

Doch könnten Worte uns zu Thaten führen.

Tell.

Die einz'ge That ist jetzt Geduld und Schweigen.

---

[1] But thus; [2] feudal fine; [3] sich der Schmach bequemen, to submit to the disgrace; [4] Bescheid wissen, to be informed; [5] entbehren, to be without.

Stauffacher.

Soll man ertragen, was unleidlich ist?

Tell.

Die schnellen Herrscher sind's, die kurz regieren.[1]
— Wenn sich der Föhn[2] erhebt aus seinen Schlünden,
Löscht man die Feuer aus, die Schiffe suchen
Eilends den Hafen, und der mächt'ge Geist
Geht ohne Schaden spurlos über die Erde.
Ein Jeder lebe still bei sich daheim:
Dem Friedlichen gewährt man gern den Frieden.

Stauffacher.

Meint Ihr?

Tell.

Die Schlange sticht nicht ungereizt.
Sie werden endlich doch von selbst ermüden
Wenn sie die Lande ruhig bleiben sehn.

Stauffacher.

Wir könnten viel, wenn wir zusammen ständen.

Tell.

Beim Schiffbruch hilft der Einzelne sich leichter.

Stauffacher.

So kalt verlaßt Ihr die gemeine Sache?[3]

Tell.

Ein Jeder zählt nur sicher auf sich selbst.

Stauffacher.

Verbunden werden auch die Schwachen mächtig.

Tell.

Der Starke ist am Mächtigsten allein.

Stauffacher.

So[4] kann das Vaterland auf Euch nicht zählen,
Wenn es verzweiflungsvoll zur Nothwehr greift?[5]

[1] Rash lords do not rule long; [2] see note, P. 13; [3] the common cause; [4] then; [5] zur Nothwehr greifen, to take up arms in self-defence.

Tell (gibt ihm die Hand).

Der Tell holt ein verlornes Lamm vom Abgrund
Und sollte seinen Freunden sich entziehen?
Doch, was ihr thut, laßt mich aus eurem Rath!
Ich kann nicht lange prüfen oder wählen;
Bedürft ihr meiner zu bestimmter That,
Dann ruft den Tell! Es soll an mir nicht fehlen.[1]

(Gehen ab zu verschiedenen Seiten. Ein plötzlicher Auflauf entsteht um das Gerüste.)

Meister Steinmetz (eilt hin.)

Was gibt's?

Erster Gesell (kommt vor, rufend).

Der Schieferdecker ist vom Dach gestürzt.

Bertha stürzt herein. **Gefolge.**

Bertha.

Ist er zerschmettert? Rennet, rettet, helft —
Wenn Hülfe möglich, rettet, hier ist Gold —

(Wirft ihr Geschmeide unter das Volk.)

Meister.

Mit Eurem Gold — Alles ist euch feil
Um Gold: wenn ihr den Vater von den Kindern
Gerissen und den Mann von seinem Weibe,
Und Jammer habt gebracht über die Welt,
Denkt ihr's mit Golde zu vergüten[3] — Geht!
Wir waren frohe Menschen, eh' ihr kamt;
Mit euch ist die Verzweiflung eingezogen.[4]

Bertha (zu dem Frohnvogt, der zurückkommt).

Lebt er?

(Frohnvogt gibt ein Zeichen des Gegentheils.)

O unglücksel'ges Schloß, mit Flüchen
Erbaut, und Flüche werden dich bewohnen!

(Geht ab.)

---

[1] I shall not fail you; [2] Alles ist Euch feil um Gold, you think every thing can be bought for gold; [3] to make up for, to indemnify. [4] einziehen, to move in, to come along with.

Vierte Scene

Walther Fürst's Wohnung.

Walther Fürst und **Arnold vom Melchthal** treten zugleich ein von verschiedenen Seiten.

Melchthal.

Herr Walther Fürst —

Walther Fürst.

Wenn man uns überraschte!
Bleibt, wo Ihr seid. Wir sind umringt von Spähern.

Melchthal.

Bringt Ihr mir nichts von Unterwalden? nichts
Von meinem Vater? Nicht ertrag' ich's länger,
Als ein Gefangner müßig hier zu liegen.
Was hab' ich denn so Sträfliches gethan,
Um mich gleich einem Mörder zu verbergen?
Dem frechen Buben, der die Ochsen mir,
Das treffliche Gespann, vor meinen Augen
Weg wollte treiben auf des Vogts Geheiß,
Hab' ich den Finger mit dem Stab gebrochen.[1]

Walther Fürst.

Ihr seid zu rasch. Der Bube war des Vogts;
Von Eurer Obrigkeit war er gesendet.
Ihr wart in Straf' gefallen,[2] mußtet Euch,
Wie schwer sie war, der Buße schweigend fügen.[3]

Melchthal.

Ertragen sollt' ich die leichtfert'ge Rede
Des Unverschämten: „Wenn der Bauer Brod
Wollt' essen, mög' er selbst am Pfluge ziehn!"
In die Seele schnitt mir's, als der Bub die Ochsen,

---

[1] Dem frechen Buben hab ich den Finger gebrochen .... der ...., I have broken the finger of the insolent fellow .... who ....; [2] in Strafe fallen or verfallen, to incur a penalty; [3] sich der Buße fügen, to submit to the punishment.

Die schönen Thiere, von dem Pfluge spannte;
Dumpf brüllten sie, als hätten sie Gefühl
Der Ungebühr,[1] und stießen mit den Hörnern:
Da übernahm mich der gerechte Zorn,
Und, meiner selbst nicht Herr, schlug ich den Boten.

Walther Fürst.

O, kaum bezwingen wir das eigne Herz:
Wie soll die rasche Jugend sich bezähmen!

Melchthal.

Mich jammert nur der Vater — Er bedarf
So sehr der Pflege, und sein Sohn ist fern.
Der Vogt ist ihm gehässig,[2] weil er stets
Für Recht und Freiheit redlich hat gestritten.
Drum werden sie den alten Mann bedrängen,
Und Niemand ist, der ihn vor Unglimpf[3] schütze.
— Werde mit mir, was will, ich muß hinüber.

Walther Fürst.

Erwartet nur und faßt Euch in Geduld,[4]
Bis Nachricht uns herüber kommt vom Walde.
— Ich höre klopfen, geht — Vielleicht ein Bote
Vom Landvogt — Geht hinein — Ihr seid in Uri
Nicht sicher vor des Landenbergers Arm;
Denn die Tyrannen reichen sich die Hände.[5]

Melchthal.

Sie lehren uns, was wir thun sollten.

Walther Fürst.

Geht

Ich ruf' Euch wieder, wenn's hier sicher ist.

(Melchthal geht hinein.)

Der Unglückselige, ich darf ihm nicht

---

[1] Injustice, impropriety; [2] ist ihm gehässig, hates him; [3] rudeness, harshness; [4] sich in Geduld fassen, to have patience; [5] reichen sich die Hände, assist each other.

Gestehen, was mir Böses schwant[1] — Wer klopft?
So oft die Thüre rauscht, erwart' ich Unglück.
Verrath und Argwohn lauscht in allen Ecken;
Bis in das Innerste der Häuser dringen
Die Boten der Gewalt; bald thät es Noth,
Wir hätten Schloß und Riegel[2] an den Thüren.

(Er öffnet und tritt erstaunt zurück, da **Werner Stauffacher** hereintritt.)

Was seh' ich? Ihr, Herr Werner! Nun, bei Gott!
Ein werther, theurer Gast — Kein bess'rer Mann
Ist über diese Schwelle noch gegangen.
Seid hoch[3] willkommen unter meinem Dach!
Was führt Euch her? Was sucht Ihr hier in Uri?

Stauffacher (ihm die Hand reichend).

Die alten Zeiten und die alte Schweiz.

Walther Fürst.

Die bringt Ihr mit Euch — Sieh', mir wird so wohl,
Warm geht das Herz mir auf[4] bei Eurem Anblick.
— Setzt Euch, Herr Werner — Wie verließet Ihr
Frau Gertrud, Eure angenehme Wirthin,
Des weisen Ibergs hochverständ'ge Tochter?
Von allen Wandrern aus dem deutschen Land,
Die über Meinrads[5] Zell nach Wälschland[6] fahren,
Rühmt jeder Euer gastlich Haus — Doch, sagt,
Kommt Ihr so eben frisch von Fluelen[7] her
Und habt Euch nirgend sonst noch umgesehn,
Eh' Ihr den Fuß gesetzt auf diese Schwelle?

Stauffacher (setzt sich.)

Wohl ein erstaunlich neues Werk hab' ich
Bereiten sehen, das mich nicht erfreute.

---

[1] Schwanen, v. imp. to have a fore-boding, was mir Böses schwant, what evil I anticipate; [2] it appears that at this time neither bolts nor locks were in use in Switzerland; [3] most; [4] warm geht das Herz mir auf, my heart warms, my heart opens; [5] P. N.; [6] Italy; [7] P. N.

Walther Fürst.

O Freund, da habt Ihr's gleich mit einem Blicke!

Stauffacher.

Ein solches ist in Uri nie gewesen —
Seit Menschendenken war kein Twinghof[1] hier,
Und fest[2] war keine Wohnung, als das Grab.

Walther Fürst.

Ein Grab der Freiheit ist's! Ihr nennt's mit Namen.

Stauffacher.

Herr Walther Fürst, ich will Euch nicht verhalten:[3]
Nicht eine müß'ge Neugier führt mich her;
Mich drücken schwere Sorgen — Drangsal hab' ich
Zu Haus verlassen, Drangsal find' ich hier.
Denn ganz unleidlich ist's, was wir erdulden,
Und dieses Dranges ist kein Ziel zu sehn.
Frei war der Schweizer von Uralters[4] her;
Wir sind's gewohnt, daß man uns gut begegnet,[5]
Ein Solches war im Lande nie erlebt,
So lang ein Hirte trieb[6] auf diesen Bergen.

Walther Fürst.

Ja, es ist ohne Beispiel, wie sie's treiben![7]
Auch unser edler Herr von Attinghausen,
Der noch die alten Zeiten hat gesehn,
Meint selber, es sei nicht mehr zu ertragen.

Stauffacher.

Auch drüben unterm Wald geht Schweres[8] vor,
Und blutig wird's gebüßt — Der Wolfenschießen,
Des Kaisers Vogt, der auf dem Roßberg hauste,[9]
Gelüsten trug er nach verbotner Frucht
Baumgartens Weib, der haushält zu Alzellen,

---

[1] Jail, fort; [2] fortified, closed, locked; [3] to conceal; [4] ancient times; [5] to treat; [6] to graze, to drive cattle; [7] to carry on, to behave; [8] heavy deeds are done; [9] to dwell, sit, to carry on.

Wollt' er zu frecher Ungebühr mißbrauchen,
Und mit der Axt hat ihn der Mann erschlagen.

Walther Fürst.

O, die Gerichte Gottes sind gerecht!
— Baumgarten, sagt Ihr? ein bescheidner Mann!
Er ist gerettet doch und wohl geborgen?[1]

Stauffacher.

Euer Eidam hat ihn übern See geflüchtet;
Bei mir zu Steinen halt' ich ihn verborgen —
— Noch Gräulichers hat mir derselbe Mann
Berichtet, was zu Sarnen ist geschehn.
Das Herz muß jedem Biedermanne bluten.

Walther Fürst (aufmerksam).

Sagt an, was ist's?

Stauffacher.

Im Melchthal,[2] da, wo man
Eintritt bei Kerns,[3] wohnt ein gerechter Mann,
Sie nennen ihn den Heinrich von der Halden,
Und seine Stimm gilt[4] was in der Gemeinde.

Walther Fürst.

Wer kennt ihn nicht? Was ist's mit ihm? Vollendet!

Stauffacher.

Der Landenberger büßte[5] seinen Sohn,
Um kleinen Fehlers willen, ließ die Ochsen,
Das beste Paar, ihm aus dem Pfluge spannen:
Da schlug der Knab' den Knecht und wurde flüchtig.

Walther Fürst (in höchster Spannung).

Der Vater aber — sagt, wie steht's um den?

Stauffacher.

Den Vater läßt der Landenberger fordern,
Zur Stelle schaffen[6] soll er ihm den Sohn,

---

[1] Bergen, to conceal; [2] P. N.; [3] P. N.; [4] to be worth something, to have weight; [5] to fine; [6] zur Stelle schaffen, to bring to the spot.

Und, da der alte Mann mit Wahrheit schwört,
Er habe von dem Flüchtling keine Kunde,
Da läßt der Vogt die Folterknechte kommen —

Walther Fürst
(springt auf und will ihn auf die andere Seite führen).

O, still, nichts mehr!

Stauffacher (mit steigendem Ton).

„Ist mir der Sohn entgangen,
So hab' ich dich!" — läßt ihn zu Boden werfen,
Den spitz'gen Stahl ihm in die Augen bohren —

Walther Fürst.

Barmherz'ger Himmel!

Melchthal (stürzt heraus).

In die Augen, sagt Ihr?

Stauffacher (erstaunt zu Walther Fürst).

Wer ist der Jüngling?

Melchthal
(faßt ihn mit krampfhafter[1] Heftigkeit.)

In die Augen? Redet!

Walther Fürst.

O der Bejammernswürdige!

Stauffacher.

Wer ist's?

(Da Walther Fürst ihm ein Zeichen gibt.)

Der Sohn ist's? Allgerechter Gott!

Melchthal.

Und ich
Muß ferne sein! — In seine beiden Augen?

Walther Fürst.

Bezwinget Euch! Ertragt es, wie ein Mann!

Melchthal.

Um meiner Schuld, um meines Frevels willen!
— Blind also! Wirklich blind und ganz geblendet?

---

[1] Convulsive.

Stauffacher.

Ich sagt's. Der Quell des Sehns ist ausgeflossen;
Das Licht der Sonne schaut er niemals wieder.

Walther Fürst.

Schont seines Schmerzens!

Melchthal.

Niemals! niemals wieder!

(Er drückt die Hand vor die Augen und schweigt einige Momente; dann wendet er sich von dem Einen zu dem Andern und spricht mit sanfter, von Thränen erstickter Stimme.)

O, eine edle Himmelsgabe ist
Das Licht des Auges — Alle Wesen leben
Vom Lichte, jedes glückliche Geschöpf —
Die Pflanze selbst kehrt freudig sich zum Lichte,
Und er muß sitzen, fühlend in der Nacht,
Im ewig Finstern — ihn erquickt nicht mehr
Der Matten warmes Grün, der Blumen Schmelz;[1]
Die rothen Firnen kann er nicht mehr schauen —
Sterben ist nichts — doch *leben* und nicht *sehen*,
Das ist ein Unglück — Warum seht ihr mich
So jammernd an? Ich hab' zwei frische Augen
Und kann dem blinden Vater keines geben,
Nicht einen Schimmer von dem Meer des Lichts,
Das glanzvoll, blendend mir ins Auge dringt.

Stauffacher.

Ach, ich muß Euern Jammer noch vergrößern,
Statt ihn zu heilen — Er bedarf noch mehr!
Denn Alles hat der Landvogt ihm geraubt;
Nichts hat er ihm gelassen, als den Stab,
Um nackt und blind von Thür' zu Thür' zu wandern.

Melchthal.

Nichts als den Stab dem augenlosen Greis!

[1] Enamel.

Alles geraubt und auch das Licht der Sonne,
Des Aermsten allgemeines Gut — Jetzt rede
Mir Keiner mehr von Bleiben, von Verbergen!
Was für ein feiger Elender bin ich,
Daß ich auf meine Sicherheit gedacht
Und nicht auf deine! — dein geliebtes Haupt
Als Pfand gelassen in des Wüthrichs Händen!
Feigherz'ge Vorsicht, fahre hin[1] — Auf nichts
Als blutige Vergeltung will ich denken.
Hinüber will ich — Keiner soll mich halten —
Des Vaters Auge von dem Landvogt fordern —
Aus allen seinen Reisigen heraus
Will ich ihn finden — Nichts liegt mir am Leben,[2]
Wenn ich den heißen, ungeheuren Schmerz
In seinem Lebensblute kühle. (Er will gehen.)

Walther Fürst.

Bleibt!
Was könnt Ihr gegen ihn? Er sitzt zu Sarnen[3]
Auf seiner hohen Herrenburg und spottet
Unmächt'gen Zorns in seiner sichern Veste.

Melchthal.

Und, wohnt' er droben auf dem Eispalast
Des Schreckhorns[4] oder höher, wo die Jungfrau[5]
Seit Ewigkeit verschleiert sitzt — ich mache
Mir Bahn zu ihm; mit zwanzig Jünglingen,
Gesinnt, wie ich, zerbrech' ich seine Veste.
Und, wenn mir Niemand folgt, und wenn ihr Alle,
Für eure Hütten bang und eure Heerden,
Euch dem Tyrannenjoche beugt — die Hirten
Will ich zusammenrufen im Gebirg,

---

[1] Fahre hin, away; [2] nichts liegt mir am Leben, life is nothing to me; [3] P. N.; [4] two of the glaciers, the latter has the appearance of a veiled virgin.

Dort, unterm freien Himmelsdache, wo
Der Sinn noch frisch ist, und das Herz gesund,
Das ungeheuer Gräßliche erzählen.

Stauffacher (zu Walther Fürst).

Es ist auf seinem Gipfel — Wollen wir
Erwarten, bis das Aeußerste —

Melchthal.

Welch Aeußerstes
Ist noch zu fürchten, wenn der Stern des Auges
In seiner Höhle nicht mehr sicher ist?
— Sind wir denn wehrlos? Wozu lernten wir
Die Armbrust spannen[1] und die schwere Wucht
Der Streitaxt schwingen?[2] Jedem Wesen ward
Ein Nothgewehr in der Verzweiflung Angst[3]
Es stellt sich[4] der erschöpfte Hirsch und zeigt
Der Meute sein gefürchtetes Geweih,
Die Gemse reißt den Jäger in den Abgrund
Der Pflugstier[5] selbst, der sanfte Hausgenoß
Des Menschen, der die ungeheure Kraft
Des Halses duldsam unters Joch gebogen,
Springt auf, gereizt, wetzt sein gewaltig Horn[6]
Und schleudert seinen Feind den Wolken zu.

Walher Fürst.

Wenn die drei Lande[7] dächten, wie wir Drei,
So möchten wir vielleicht etwas vermögen.

Stauffacher.

Wenn Uri ruft, wenn Unterwalden hilft,
Der Schwyzer wird die alten Bünde ehren.

Melchthal.

Groß ist in Unterwalden meine Freundschaft,

---

[1] Die Armbrust spannen, to bend the bow; [2] die schwere Wucht der Streitaxt schwingen, to wield the heavy weight of the battle-ax; [3] gegeben, *understood*; [4] to stand at bay; [5] plough-ox; [6] wetzt sein Horn, whets his horn, rubs his horn on the ground; [7] cantons.

Und Jeder wagt mit Freuden Leib und Blut,
Wenn er am Andern einen Rücken hat
Und Schirm — O fromme Väter dieses Landes!
Ich stehe, nur ein Jüngling, zwischen euch,
Den Vielerfahrnen — meine Stimme muß
Bescheiden schweigen in der Landsgemeinde.
Nicht, weil ich jung bin und nicht viel erlebte,
Verachtet meinen Rath und meine Rede;
Nicht lüstern jugendliches Blut, mich treibt
Des höchsten Jammers schmerzliche Gewalt,[1]
Was auch den Stein des Felsen muß erbarmen.[2]
Ihr selbst seid Väter, Häupter eines Hauses
Und wünscht euch einen tugendhaften Sohn,
Der eures Hauptes heil'ge Locken ehre
Und euch den Stern des Auges fromm bewache.
O, weil ihr selbst an eurem Leib und Gut
Noch nichts erlitten, eure Augen sich
Noch frisch und hell in ihren Kreisen regen,
So sei euch darum unsre Noth nicht fremd.
Auch über euch hängt des Tyrannen Schwert:
Ihr habt das Land von Oestreich abgewendet;
Kein Anderes war meines Vaters Unrecht;
Ihr seid in gleicher Mitschuld und Verdammniß.

Stauffacher (zu Walther Fürst).

Beschließet Ihr! Ich bin bereit zu folgen.

Walther Fürst.

Wir wollen hören, was die edeln Herrn
Von Sillinen, von Attinghausen rathen —
Ihr Name, denk' ich, wird uns Freunde werben.

Melchthal.

Wo ist ein Name in dem Waldgebirg'

---

[1] Transposed: die schmerzliche Gewalt des höchsten Jammers treibt mich; [2] to excite to pity.

Ehrwürdiger, als Eurer und der Eure?
An solcher Namen echte Währung [1] glaubt
Das Volk, sie haben guten Klang im Lande.
Ihr habt ein reiches Erb' von Vätertugend
Und habt es selber reich vermehrt — Was braucht's
Des Edelmanns? Laßt's uns allein vollenden!
Wären wir doch allein im Land! Ich meine,
Wir wollten uns schon selbst zu schirmen wissen.

Stauffacher.

Die Edeln drängt nicht gleiche Noth [2] mit uns:
Der Strom, der in den Niederungen [3] wüthet,
Bis jetzt hat er die Höhn noch nicht erreicht —
Doch ihre Hülfe wird uns nicht entstehn,[4]
Wenn sie das Land in Waffen erst erblicken.

Walther Fürst.

Wäre ein Obmann [5] zwischen uns und Oestreich,
So möchte Recht entscheiden und Gesetz.
Doch, der uns unterdrückt, ist unser Kaiser
Und höchster Richter — so muß Gott uns helfen
Durch unsern Arm — Erforschet Ihr die Männer
Von Schwytz, ich will in Uri Freunde werben.
Wen aber senden wir nach Unterwalden? —

Melchthal.

Mich sendet hin — Wem läg' es näher an —

Walther Fürst.

Ich geb's nicht zu: Ihr seid mein Gast, ich muß
Für Eure Sicherheit gewähren! [6]

Melchthal.

Laßt mich!
Die Schliche [7] kenn' ich und die Felsensteige; [8]

---

[1] Die echte Währung, the true sterling worth; [2] gleiche Noth is the Nom.; [3] low-lands; [4] fail; [5] umpire; [6] to answer for; [7] secret passes; [8] rocky paths.

Auch Freunde find' ich g'nug, die mich dem Feind
Verhehlen und ein Obdach gern gewähren.

Stauffacher.

Laßt ihn mit Gott hinüber gehn. Dort drüben
Ist kein Verräther — So verabscheut ist
Die Tyrannei, daß sie kein Werkzeug findet.
Auch der Alzeller[1] soll uns nid[2] dem Wald
Genossen werben und das Land erregen.

Melchthal.

Wie bringen wir uns sichre Kunde zu,
Daß wir den Argwohn der Tyrannen täuschen?

Stauffacher.

Wir könnten uns zu Brunnen[3] oder Treib[3]
Versammeln, wo die Kaufmannsschiffe landen.

Walther Fürst.

So offen dürfen wir das Werk nicht treiben.
— Hört meine Meinung. — Links am See, wenn man
Nach Brunnen fährt, dem Mythenstein grad' über,
Liegt eine Matte heimlich im Gehölz,
Das Rütli[4] heißt sie bei dem Volk der Hirten,
Weil dort die Waldung ausgereutet ward.
Dort ist's, wo unsre Landmark und die Eure

(Zu Melchthal.)

Zusammen gränzen, und in kurzer Fahrt

(Zu Stauffacher.)

Trägt Euch der leichte Kahn von Schwyz herüber.
Auf öden Pfaden können wir dahin
Bei Nachtzeit wandern und uns still berathen.
Dahin mag Jeder zehn vertraute Männer
Mitbringen, die herzeinig sind mit uns,

---

[1] Refers to Baumgarten, who is from Alzell; [2] nid, under, Sw. Pr. [3] P. N.; [4] P. N.

So können wir gemeinsam das Gemeine
Besprechen und mit Gott es frisch beschließen.

Stauffacher.

So sei's. Jetzt reicht mir Eure biedre Rechte,[1]
Reicht Ihr die Eure her, und so, wie wir
Drei Männer jetzo, unter uns die Hände
Zusammen flechten, redlich ohne Falsch,
So wollen wir drei Länder auch, zu Schutz
Und Trutz,[2] zusammen stehn auf Tod und Leben.

Walther Fürst und Melchthal.

Auf Tod und Leben!

(Sie halten die Hände noch einige Pausen lang zusammengeflochten und schweigen.)

Melchthal.

Blinder, alter Vater,
Du kannst den Tag der Freiheit nicht mehr schauen;
Du sollst ihn hören — Wenn von Alp zu Alp
Die Feuerzeichen flammend sich erheben,
Die festen Schlösser der Tyrannen fallen:
In deine Hütte soll der Schweizer wallen,[3]
Zu deinem Ohr die Freudenkunde tragen,
Und hell in deiner Nacht soll es dir tagen![4]

(Sie gehen auseinander.)

---

[1] Hand understood; [2] zu Schutz und Trutz, defensively and offensively; [3] to perform a pilgrimage; [4] to dawn.

Zweiter Aufzug.

Erste Scene.

Edelhof des Freiherrn von Attinghausen.

Ein gothischer Saal, mit Wappenschildern und Helmen verziert. **Der Freiherr,** ein Greis von fünf und achtzig Jahren, von hoher edler Statur, an einem Stabe, worauf ein Gemsenhorn, und in ein Pelzwams gekleidet. **Kuoni** und noch **sechs Knechte**[1] stehen um ihn her mit Rechen und Sensen — **Ulrich von Rudenz** tritt ein in Ritterkleidung.

Rudenz.

Hier bin ich, Oheim — Was ist Euer Wille?

Attinghausen.

Erlaubt, daß ich nach altem Hausgebrauch
Den Frühtrunk erst mit meinen Knechten theile.

(Er trinkt aus einem Becher, der dann in der Reihe herumgeht.[2])

Sonst war ich selber mit in Feld und Wald,
Mit meinem Auge ihren Fleiß regierend,
Wie sie[3] mein Banner führte in der Schlacht;
Jetzt kann ich nichts mehr als den Schaffner[4] machen,
Und kommt die warme Sonne nicht zu mir,
Ich kann sie nicht mehr suchen auf den Bergen.
Und so, in engem stets und engerm Kreis,
Beweg' ich mich dem engesten und letzten,

---

[1] Servants, men; [2] in der Reihe herumgehen, to pass round from one to the other; [3] Acc. them; [4] steward.

Wo alles Leben still steht, langsam zu.[1]
Mein Schatten bin ich nur, bald nur mein Name.

Kuoni (zu Rudenz mit dem Becher).

Ich bring's Euch, Junker.

(Da Rudenz zaudert, den Becher zu nehmen.)

Trinket frisch! Es geht
Aus einem Becher und aus einem Herzen.

Attinghausen.

Geht, Kinder, und, wenn's Feierabend[2] ist,
Dann reden wir auch von des Lands Geschäften.

Knechte gehen ab.)

Attinghausen und Rudenz.

Attinghausen.

Ich sehe dich gegürtet und gerüstet:
Du willst nach Altdorf in die Herrenburg?

Rudenz.

Ja, Oheim, und ich darf nicht länger säumen —

Attinghausen (setzt sich).

Hast du's so eilig?[3] Wie? Ist deiner Jugend
Die Zeit so karg gemessen, daß du sie
An deinem alten Oheim mußt ersparen?

Rudenz.

Ich sehe, daß Ihr meiner nicht bedürft,
Ich bin ein Fremdling nur in diesem Hause.

Attinghausen

(hat ihn lange mit den Augen gemustert).

Ja, leider bist du's! Leider ist die Heimat
Zur Fremde[4] dir geworden! Uly! Uly![5]
Ich kenne dich nicht mehr. In Seide prangst du,

---

[1] Sich zubewegen, to move towards; [2] feiern, to rest from work; wenn's Feierabend ist, when the work is done; [3] are you in such haste? [4] a strange place; [5] Uly an abbreviation of Ulric or Ulrich.

Die Pfauenfeder trägst du stolz zur Schau [1]
Und schlägst [2] den Purpurmantel um die Schultern;
Den Landmann blickst du mit Verachtung an
Und schämst dich seiner traulichen Begrüßung.

Rudenz.

Die Ehr', die ihm gebührt, geb' ich ihm gern;
Das Recht, das er sich nimmt, verweigr' ich ihm.

Attinghausen.

Das ganze Land liegt unterm schweren Zorn
Des Königs — jedes Biedermannes Herz
Ist kummervoll ob der tyrannischen Gewalt,
Die wir erdulden — dich allein rührt nicht
Der allgemeine Schmerz — dich siehet man,
Abtrünnig [3] von den Deinen, auf der Seite
Des Landesfeindes stehen, unsrer Noth
Hohnsprechend nach der leichten Freude jagen
Und buhlen um [4] die Fürstengunst, indeß
Dein Vaterland von schwerer Geißel blutet.

Rudenz.

Das Land ist schwer bedrängt — Warum, mein Oheim?
Wer ist's, der es gestürzt in diese Noth?
Es kostete [5] ein einzig leichtes Wort,
Um augenblicks des Dranges los zu sein
Und einen gnäd'gen Kaiser zu gewinnen.
Weh' ihnen, die dem Volk die Augen halten, [6]
Daß es dem wahren Besten [7] widerstrebt.
Um eignen Vortheils willen hindern sie,
Daß die Waldstädte nicht [8] zu Oestreich schwören,
Wie ringsum alle Lande doch gethan.
Wohl thut es ihnen, auf der Herrenbank [9]

---

[1] You proudly display the peacock's feather. *The Austrian knights wore a peacock's feather in their helmets;* [2] schlagen, to wrap; [3] disloyal, recreant; [4] buhlen um to court, woo; [5] it would cost; [6] halten für zuhalten, to keep shut or closed; [7] interest; [8] *the word* „nicht" *should be omitted;* [9] the seat in court reserved for the noblemen.

Zu sitzen mit dem Edelmann — den Kaiser
Will man zum Herrn, um keinen Herrn zu haben.

Attinghausen.

Muß ich Das hören und aus deinem Munde

Rudenz.

Ihr habt mich aufgefordert, laßt mich enden.
— Welche Person ist's, Oheim, die Ihr selbst
Hier spielt? Habt Ihr nicht höhern Stolz, als hier
Landammann[1] oder Bannerherr zu sein
Und neben diesen Hirten zu regieren?
Wie? Ist's nicht eine rühmlichere Wahl,
Zu huldigen dem königlichen Herrn,
Sich an sein glänzend Lager anzuschließen,
Als Eurer eignen Knechte Pair[2] zu sein
Und zu Gericht zu sitzen[3] mit dem Bauer?

Attinghausen.

Ach, Uly! Uly! Ich erkenne sie,
Die Stimme der Verführung! Sie ergriff
Dein offnes Ohr, sie hat dein Herz vergiftet.

Rudenz.

Ja, ich verberg' es nicht — in tiefer Seele
Schmerzt mich der Spott der Fremdlinge, die uns
Den Bauernadel schelten[4] — Nicht ertrag' ich's,
Indeß die edle Jugend rings umher
Sich Ehre sammelt unter Habsburgs[5] Fahnen,
Auf meinem Erb' hier müßig still zu liegen
Und bei gemeinem Tagewerk den Lenz
Des Lebens zu verlieren — Anderswo
Geschehen Thaten, eine Welt des Ruhms

---

[1] The Landammann was an officer, chosen by the Swiss community to preside over them; [2] peer, equal; [3] to hold court; [4] uns den Bauernadel schelten, nickname us the nobility of boors, (peasants); [5] the then reigning house of Austria.

Bewegt sich glänzend jenseits dieser Berge —
Mir rosten in der Halle Helm und Schild;
Der Kriegstrompete muthiges Getön',[1]
Der Heroldsruf,[2] der zum Turniere ladet,
Er dringt in diese Thäler nicht herein;
Nichts als den Kuhreihn[3] und der Heerdeglocken
Einförmiges Geläut' vernehm' ich hier.

Attinghausen.

Verblendeter, vom eiteln Glanz verführt,
Verachte dein Geburtsland! Schäme dich
Der uralt frommen Sitte deiner Väter!
Mit heißen Thränen wirst du dich dereinst
Heim sehnen nach den väterlichen Bergen,
Und dieses Heerdenreihens Melodie,[4]
Die du in stolzem Ueberdruß verschmähst,
Mit Schmerzenssehnsucht[5] wird sie dich ergreifen,
Wenn sie dir anklingt[6] auf der fremden Erde.
O, mächtig ist der Trieb[7] des Vaterlands!
Die fremde, falsche Welt ist nicht für dich:
Dort an dem stolzen Kaiserhof bleibst du
Dir ewig fremd mit deinem treuen Herzen!
Die Welt, sie fordert andre Tugenden,
Als du in diesen Thälern dir erworben.
— Geh' hin, verkaufe deine freie Seele,
Nimm Land zu Lehen,[8] werd' ein Fürstenknecht,[9]
Da du ein Selbstherr sein kannst und ein Fürst
Auf deinem eignen Erb' und freien Boden.
Ach, Uly! Uly! Bleibe bei den Deinen!
Geh' nicht nach Altdorf — O, verlass' sie nicht,

[1] The sound of the trumpet of war; [2] the call of the herald; [3] See note, p. 8; [4] dieses Heerdenreihens Melodie, the air of the "ranz des vaches;" [5] a painful longing; [6] anklingen, to strike the ear; [7] natural love, instinct; [8] Land zu Lehn nehmen, to take land in fief; [9] slave to a prince.

Die heil'ge Sache deines Vaterlands!
— Ich bin der Letzte meines Stamms — Mein Name
Endet mit mir. Da hängen Helm und Schild;
Die werden sie mir in das Grab mitgeben.
Und muß ich denken bei dem letzten Hauch,
Daß du mein brechend [1] Auge nur erwartest
Um hinzugehn vor diesen neuen Lehenhof [2]
Und meine edeln Güter, die ich frei
Von Gott empfing, von Oestreich zu empfangen!

Rudenz.

Vergebens widerstreben wir dem König.[3]
Die Welt gehört ihm: wollen wir allein
Uns eigensinnig steifen und verstocken,
Die Länderkette ihm zu unterbrechen,
Die er gewaltig rings um uns gezogen?
Sein sind die Märkte, die Gerichte, *sein*
Die Kaufmannsstraßen, und das Saumroß [4] selbst,
Das auf den Gotthardt ziehet, muß ihm zollen.[5]
Von seinen Ländern wie mit einem Netz
Sind wir umgarnet rings und eingeschlossen.
— Wird uns das Reich [6] beschützen! Kann es selbst
Sich schützen gegen Oestreichs wachsende Gewalt?
Hilft Gott uns nicht, kein Kaiser kann uns helfen.
Was ist zu geben [7] auf der Kaiser Wort,
Wenn sie in Geld- und Kriegesnoth die Städte,
Die untern Schirm des Adlers sich geflüchtet,
Verpfänden dürfen und dem Reich veräußern?[8]
— Nein, Oheim! Wohlthat ist's und weise Vorsicht
In diesen schweren Zeiten der Parteiung,

[1] Closing; [2] court of foes or fiefs; [3] Albert is sometimes called king, sometimes emperor, the monarchs of Germany were called kings until crowned by the Pope. Afterwards both titles were used indifferently; [4] sumpter-horse; [5] to pay toll; [6] the German Empire; [7] to be relied upon; [8] verpfänden und veräußern, to pledge and alienate.

Sich anzuschließen an ein mächtig Haupt.
Die Kaiserkrone geht von Stamm zu Stamm:[1]
Die hat für treue Dienste kein Gedächtniß.
Doch, um den mächt'gen Erbherrn wohl verdienen,[2]
Heißt Saaten in die Zukunft streun.

Attinghausen

Bist du so weise?
Willst heller sehn, als deine edeln Väter,
Die um der Freiheit kostbarn Edelstein
Mit Gut und Blut und Heldenkraft gestritten?
— Schiff nach Luzern hinunter, frage dort,
Wie Oestreichs Herrschaft lastet auf den Ländern.
Sie werden kommen, unsre Schaf' und Rinder
Zu zählen, unsre Alpen abzumessen,
Den Hochflug und das Hochgewilde[3] bannen
In unsern freien Wäldern, ihren Schlagbaum[4]
An unsre Brücken, unsre Thore setzen,
Mit unsrer Armuth ihre Länderkäufe,
Mit unserm Blute ihre Kriege zahlen —
— Nein, wenn wir unser Blut dran setzen[5] sollen,
So sei's für uns — wohlfeiler kaufen wir
Die Freiheit als die Knechtschaft ein!

Rudenz.

Was können wir,
Ein Volk der Hirten, gegen Albrechts Heere?

Attinghausen.

Lern' dieses Volk der Hirten kennen, Knabe!
Ich kenn's: ich hab' es angeführt in Schlachten,
Ich hab' es fechten sehen bei Favenz.

---

[1] Geht von Stamm zu Stamm, goes from one race to another, is not hereditary; [2] to deserve well; [3] der Hochflug, the wild birds. Das Hochgewilde, the larger kind of game, such as deer, wild boar, &c. Den Hochflug und das Hochgewilde bannen, to introduce the forest-laws; [4] toll-bar; [5] dran setzen, to risk.

Sie sollen kommen, uns ein Joch aufzwingen,
Das wir entschlossen sind **nicht** zu ertragen!
— O, lerne fühlen, welches Stamms du bist!
Wirf nicht für eiteln Glanz und Flitterschein
Die echte Perle deines Werthes hin —
Das Haupt zu heißen eines **freien** Volks,
Das dir aus Liebe nur sich herzlich weiht,
Das treulich zu dir steht in Kampf und Tod —
Das sei dein Stolz, **deß** Adel's rühme dich —
Die angebornen[1] Bande knüpfe fest,
Ans Vaterland, ans theure, schließ' dich an,
Das halte fest mit deinem ganzen Herzen!
Hier sind die starken Wurzeln deiner Kraft;
Dort in der fremden Welt stehst du allein,
Ein schwankes Rohr, das jeder Sturm zerknickt.
O, komm, du hast uns lang nicht mehr gesehn,
Versuch's mit uns nur **einen** Tag — nur heute
Geh' nicht nach Altdorf — hörst du? heute nicht;
Den **einen** Tag nur schenke dich den Deinen!

(Er faßt seine Hand.)

Rudenz.

Ich gab mein Wort — Laßt mich — Ich bin gebunden.

Attinghausen.

(Läßt seine Hand los, mit Ernst.)

Du bist gebunden — Ja, Unglücklicher,
Du bist's, doch nicht durch Wort und Schwur,
Gebunden bist du durch der Liebe Seile!

(Rudenz wendet sich weg.)

— Verbirg dich, wie du willst. Das Fräulein ist's,
Bertha von Bruneck, die zur Herrenburg
Dich zieht, dich fesselt an des Kaisers Dienst.
Das Ritterfräulein willst du dir erwerben

[1] Innate, natural.

Mit deinem Abfall[1] von dem Land — Betrüg' dich nicht!
Dich anzulocken, zeigt man dir die Braut;
Doch deiner Unschuld ist sie nicht beschieden.

Rudenz.

Genug hab' ich gehört. Gehabt Euch wohl.[2]

(Er geht ab.)

Attinghausen.

Wahnsinn'ger Jüngling, bleib'! Er geht dahin!
Ich kann ihn nicht erhalten, nicht erretten—
So ist der Wolfenschießen abgefallen
Von seinem Land — so werden Andre folgen:
Der fremde Zauber reißt die Jugend fort,
Gewaltsam strebend über unsre Berge.
— O unglückselge Stunde, da das Fremde[3]
In diese still beglückten Thäler kam,
Der Sitten fromme Unschuld zu zerstören!

Das Neue bringt herein mit Macht, das Alte,
Das Würd'ge scheidet, andre Zeiten kommen,
Es lebt ein andersdenkendes Geschlecht!
Was thu' ich hier? Sie sind begraben Alle,
Mit denen ich gewaltet und gelebt.
Unter der Erde schon liegt meine Zeit;
Wohl Dem, der mit der neuen nicht mehr braucht zu leben!

(Geht ab.)

---

[1] Apostacy; [2] fare well; [3] that which is strange or foreign.

Zweite Scene. 7-8 Nov. 1307

Eine Wiese, von hohen Felsen und Wald umgeben.

Auf den Felsen sind Steige mit Geländern; auch Leitern, von denen man nachher die Landleute herabsteigen sieht. Im Hintergrunde zeigt sich der See, über welchem anfangs ein Mondregenbogen zu sehen ist. Den Prospect schließen hohe Berge, hinter welchen noch höhere Eisgebirge ragen. Es ist völlig Nacht auf der Scene, nur der See und die weißen Gletscher leuchten im Mondlicht.

Melchthal, Baumgarten, Winkelried, Meier von Sarnen, Burkhart am Bühel, Arnold von Sewa, Klaus von der Flüe und noch vier andere **Landleute**, Alle bewaffnet.

Melchthal (noch hinter der Scene).

Der Bergweg öffnet sich, nur frisch mir nach!
Den Fels erkenn' ich und das Kreuzlein drauf;
Wir sind am Ziel, hier ist das Rütli.

(Treten auf mit Windlichtern.)

Winkelried.

Horch!

Sewa.

Ganz leer.

Meier.

's ist noch kein Landmann da. Wir sind
Die Ersten auf dem Platz, wir Unterwaldner.

Melchthal.

Wie weit ist's in der Nacht?

Baumgarten.

Der Feuerwächter
Vom Selisberg[1] hat eben Zwei gerufen.

(Man hört in der Ferne läuten.

Meier.

Still! Horch!

---

[1] P. N. a mountain.

Am Bühel.

Das Mettenglöcklein[1] in der Waldkapelle
Klingt hell herüber aus dem Schwytzerland.

Von der Flüe.

Die Luft ist rein und trägt den Schall so weit.

Melchthal.

Gehen Einige und zünden Reisholz an,
Daß es loh[2] brenne, wenn die Männer kommen.

(Zwei Landleute gehen.)

Sewa.

's ist eine schöne Mondennacht. Der See
Liegt ruhig da, als wie ein ebner Spiegel.

Am Bühel.

Sie haben eine leichte Fahrt.[3]

Winkelried (zeigt nach dem See).

Ha, seht!
Seht dorthin! Seht ihr nichts?

Meier.

Was denn? — Ja, wahrlich!
Ein Regenbogen mitten in der Nacht!

Melchthal.

Es ist das Licht des Mondes, das ihn bildet.

Von der Flüe.

Das ist ein seltsam wunderbares Zeichen!
Es leben Viele, die Das nicht gesehn.

Sewa.

Er ist doppelt; seht, ein blässerer steht drüber.

Baumgarten.

Ein Nachen fährt so eben drunter weg.

Melchthal.

Das ist der Stauffacher mit seinem Kahn!
Der Biedermann läßt sich nicht lang erwarten.

(Geht mit Baumgarten nach dem Ufer.)

---

[1] Matin-bell; [2] bright; [3] passage.

Meier.

Die Urner sind es, die am Längsten säumen.

Am Bühel.

Sie müssen weit umgehen durchs Gebirg',
Daß sie des Landvogts Kundschaft[1] hintergehen.[2]

(Unterdessen haben die zwei Landleute in der Mitte des Platzes ein Feuer angezündet.)

Melchthal (am Ufer.)

Wer ist da? Gebt das Wort![3]

Stauffacher (von unten.)

Freunde des Landes.

(Alle gehen nach der Tiefe, den Kommenden entgegen. Aus dem Kahn steigen **Stauffacher, Itel Reding, Hans auf der Mauer, Jörg im Hofe, Konrad Hunn, Ulrich der Schmid, Jost von Weiler** und noch drei andere Landleute, gleichfalls bewaffnet.)

Alle (rufen.)

Willkommen!

(Indem die Uebrigen in der Tiefe verweilen und sich begrüßen, kommt Melchthal mit Stauffacher vorwärts.)

Melchthal.

O Herr Stauffacher! Ich hab' ihn
Gesehn, der mich nicht wiedersehen konnte!
Die Hand hab' ich gelegt auf seine Augen,
Und glühend Rachgefühl hab' ich gesogen
Aus der erloschnen Sonne seines Blicks.

Stauffacher.

Sprecht nicht von Rache. Nicht Geschehnes rächen,
Gedrohtem Uebel wollen wir begegnen.
— Jetzt sagt, was Ihr im Unterwaldner Land
Geschafft und für gemeine Sach' geworben,[1]
Wie die Landleute denken, wie Ihr selbst
Den Stricken des Verraths entgangen seid.

---

[1] Spies; [2] to avoid, deceive; [3] the watch-word, countersign; [4] für gemeine Sache geworben, effected for the common cause.

Melchthal.

Durch der Surennen [1] furchtbares Gebirg',
Auf weit verbreitet öden Eisesfeldern,
Wo nur der heisre Lämmergeier krächzt,
Gelangt' ich zu der Alpentrift, [2] wo sich
Aus Uri und vom Engelberg die Hirten
Anrufend grüßen und gemeinsam weiden,
Den Durst mir stillend mit der Gletscher Milch, [3]
Die in den Runsen [4] schäumend niederquillt.
In den einsamen Sennhütten [5] kehrt' ich ein,
Mein eigner Wirth und Gast, bis daß ich kam
Zu Wohnungen gesellig lebender Menschen.
— Erschollen war in diesen Thälern schon
Der Ruf des neuen Gräuels, der geschehn,
Und fromme Ehrfurcht schaffte mir mein Unglück [6]
Vor jeder Pforte, wo ich wandernd klopfte.
Entrüstet [7] fand ich diese graden Seelen
Ob [8] dem gewaltsam neuen Regiment;
Denn, so wie ihre Alpen fort und fort
Dieselben Kräuter nähren, ihre Brunnen
Gleichförmig fließen, Wolken selbst und Winde
Den gleichen Strich unwandelbar befolgen,
So hat die alte Sitte hier vom Ahn
Zum Enkel unverändert fort bestanden.
Nicht tragen sie verwegne Neuerung
Im altgewohnten gleichen Gang des Lebens. [9]
— Die harten Hände reichten sie mir dar,
Von den Wänden langten sie die rost'gen Schwerter,
Und aus den Augen blitzte freudiges
Gefühl des Muths, als ich die Namen nannte,

---

[1] P. N.; [2] pasturage of the Alps; [3] Gletscher Milch, snow water of the glaciers; [4] rut; [5] Huts, built by the shepherds, it being winter he found them empty; [6] Nom.; [7] indignant; [8] at; [9] nicht tragen sie verwegne Neuerung im altgewohnten Gang des Lebens, they do not boldly make innovations in the old accustomed course of life.

Die im Gebirg' dem Landmann heilig sind,
Den Eurigen und Walther Fürst's — Was euch
Recht würde dünken, schworen sie zu thun,
Euch schworen sie bis in den Tod zu folgen.
— So eilt' ich sicher unterm heil'gen Schirm
Des Gastrechts von Gehöfte zu Gehöfte —
Und, als ich kam ins heimatliche Thal,
Wo mir die Vettern viel verbreitet wohnen —
Als ich den Vater fand, beraubt und blind,
Auf fremdem Stroh, von der Barmherzigkeit
Mildthät'ger Menschen lebend —

Stauffacher.

Herr im Himmel!

Melchthal.

Da weint' ich nicht! Nicht in unmächt'gen Thränen
Goß ich die Kraft des heißen Schmerzes aus;
In tiefer Brust, wie einen theuren Schatz,
Verschloß ich ihn und dachte nur auf Thaten.
Ich kroch durch alle Krümmen des Gebirgs;
Kein Thal war so versteckt, ich späht' es aus;
Bis an der Gletscher eisbedeckten Fuß
Erwartet' ich und fand bewohnte Hütten,
Und überall, wohin mein Fuß mich trug,
Fand ich den gleichen Haß der Tyrannei;
Denn bis an diese letzte Grenze selbst
Belebter Schöpfung, wo der starre Boden
Aufhört zu geben, raubt der Vögte Geiz —
Die Herzen alle dieses biedern Volks
Erregt' ich mit dem Stachel meiner Worte,
Und unser sind sie All' mit Herz und Mund.

Stauffacher.

Großes habt Ihr in kurzer Frist geleistet.[1]

[1] To achieve.

Melchthal.

Ich that noch mehr. Die beiden Vesten sind's,
Roßberg und Sarnen, die der Landmann fürchtet
Denn hinter ihren Felsenwällen schirmt
Der Feind sich leicht und schädiget das Land.
Mit eignen Augen wollt' ich es erkunden.[1]
Ich war zu Sarnen und besah die Burg.

Stauffacher.

Ihr wagtet Euch bis in des Tigers Höhle?

Melchthal.

Ich war verkleidet dort in Pilgerstracht,
Ich sah den Landvogt an der Tafel schwelgen[2] —
Urtheilt, ob ich mein Herz bezwingen kann;
Ich sah den Feind, und ich erschlug ihn nicht.

Stauffacher.

Fürwahr, das Glück war Eurer Kühnheit hold.[3]
(Unterdessen sind die andern Landleute vorwärts gekommen und nähern sich den Beiden.)
Doch jetzo sagt mir, wer die Freunde sind
Und die gerechten Männer, die Euch folgten?
Macht mich bekannt mit ihnen, daß wir uns
Zutraulich nahen und die Herzen öffnen.

Meier.

Wer kennte Euch nicht, Herr, in den drei Landen?
Ich bin der Meier von Sarnen; dies hier ist
Mein Schwestersohn, der Struth von Winkelried.

Stauffacher.

Ihr nennt mir keinen unbekannten Namen.
Ein Winkelried war's, der den Drachen schlug
Im Sumpf bei Weiler[4] und sein Leben ließ[5]
In diesem Strauß.[6]

---

[1] Reconnoiter; [2] to revel; [3] favorable; [4] P. N.; [5] sein Leben lassen, to lose one's life; [6] combat

Winkelried.

Das war mein Ahn, Herr Werner.

Melchthal (zeigt auf zwei Landleute).

Die wohnen hinterm Wald, sind Klosterleute
Vom Engelberg — Ihr werdet sie drum nicht
Verachten, weil sie eigne[1] Leute sind
Und nicht, wie wir, frei sitzen auf dem Erbe —
Sie lieben's Land, sind sonst auch wohl berufen.

Stauffacher (zu den Beiden.)

Gebt mir die Hand! Es preise sich, wer Keinem
Mit seinem Leibe pflichtlich ist auf Erden;
Doch Redlichkeit gedeiht in jedem Stande.

Konrad Hunn.

Das ist Herr Reding, unser Altlandamman.

Meier.

Ich kenn' ihn wohl. Er ist mein Widerpart,[2]
Der um ein altes Erbstück mit mir rechtet.[3]
— Herr Reding, wir sind Feinde vor Gericht;
Hier sind wir einig.

(Schüttelt ihm die Hand.)

Stauffacher.

Das ist brav gesprochen.

Winkelried.

Hört ihr? Sie kommen. Hört das Horn von Uri!

(Rechts und links sieht man bewaffnete Männer mit Windlichtern die Felsen herabsteigen.)

Auf der Mauer.

Seht! Steigt nicht selbst der fromme Diener Gottes,
Der würd'ge Pfarrer mit herab? Nicht scheut er
Des Weges Mühen und das Graun der Nacht,
Ein treuer Hirte für das Volk zu sorgen.

---

[1] Serfs, bondsmen; [2] opponent; [3] rechten, to litigate.

Baumgarten.

Der Sigrist[1] folgt ihm und Herr Walther Fürst;
Doch nicht den Tell erblick' ich in der Menge.

Walther Fürst, Rösselmann, der Pfarrer, **Petermann**, der Sigrist. **Kuoni**, der Hirt, **Werni**, der Jäger, **Ruodi**, der Fischer, und noch fünf andre **Landleute**. Alle zusammen, drei und dreißig an der Zahl, treten vorwärts und stellen sich um das Feuer.

Walther Fürst.

So müssen wir auf unserm eignen Erb'
Und väterlichen Boden uns verstohlen
Zusammen schleichen, wie die Mörder thun,
Und bei der Nacht, die ihren schwarzen Mantel
Nur dem Verbrechen und der sonnenscheuen
Verschwörung leihet, unser gutes Recht
Uns holen, das doch lauter ist und klar,
Gleichwie der glanzvoll offne Schoß des Tages.[2]

Melchthal.

Laßt's gut sein. Was die dunkle Nacht gesponnen,
Soll frei und fröhlich an das Licht der Sonnen.

Rösselmann.

Hört, was mir Gott ins Herz gibt, Eidgenossen![3]
Wir stehen hier statt einer Landsgemeine
Und können gelten für ein ganzes Volk.
So laßt uns tagen[4] nach den alten Bräuchen
Des Lands, wie wir's in ruhigen Zeiten pflegen;
Was ungesetzlich ist in der Versammlung,
Entschuldige die Noth der Zeit. Doch Gott
Ist überall, wo man das Recht verwaltet,
Und unter seinem Himmel stehen wir.

---

[1] Sacristan; [2] the middle of the day; [3] confederates; [4] to hold a meeting.

Stauffacher.

Wohl, laßt uns tagen nach der alten Sitte;
Ist es gleich Nacht, so leuchtet unser Recht.

Melchthal.

Ist gleich die Zahl nicht voll, das Herz ist hier
Des ganzen Volks: die Besten sind zugegen.

Konrad Hunn.

Sind auch die alten Bücher nicht zur Hand,
Sie sind in unsre Herzen eingeschrieben.

Rösselmann.

Wohlan, so sei der Ring sogleich gebildet.
Man pflanze auf die Schwerter der Gewalt![1]

Auf der Mauer.

Der Landesammann nehme seinen Platz,
Und seine Waibel[2] stehen ihm zur Seite!

Sigrist.

Es sind der Völker dreie. Welchem nun
Gebührt's, das Haupt zu geben der Gemeine?

Meier.

Um diese Ehr' mag Schwyz mit Uri streiten;
Wir Unterwaldner stehen frei zurück.

Melchthal.

Wir stehn zurück: wir sind die Flehenden,
Die Hülfe heischen[3] von den mächt'gen Freunden.

Stauffacher.

So nehme Uri denn das Schwert; sein Banner
Zieht bei den Römerzügen[4] uns voran.

Walther Fürst.

Des Schwertes Ehre werde Schwytz zu Theil;
Denn seines Stammes rühmen wir uns Alle.

---

[1] Swords were put in the ground at those meetings, as the emblem of power; [2] sergeant; [3] to demand; [4] processions to Rome for the coronation of the emperors.

Rösselmann.

Den edeln Wettstreit laßt mich freundlich schlichten:
Schwytz soll im Rath, Uri im Felde führen.

Walther Fürst (reicht dem Stauffacher die Schwerter).

So nehmt!

Stauffacher.

Nicht mir, dem Alter sei die Ehre!

Im Hofe.

Die meisten Jahre zählt Ulrich der Schmid.

Auf der Mauer.

Der Mann ist wacker, doch nicht freien Stands;
Kein eigner Mann[1] kann Richter sein in Schwy.

Stauffacher.

Steht nicht Herr Reding hier, der Altlandamman?
Was suchen wir noch einen Würdigern?

Walther Fürst.

Er sei der Ammann und des Tages Haupt!
Wer dazu stimmt, erhebe seine Hände.

(Alle heben die rechte Hand auf.)

Reding (tritt in die Mitte).

Ich kann die Hand nicht auf die Bücher legen;
So schwör' ich droben bei den ew'gen Sternen,
Daß ich mich nimmer will vom Recht entfernen.

(Man richtet die zwei Schwerter vor ihm auf, der Ring bildet sich um ihn her. Schwytz hält die Mitte, rechts stellt sich Uri und links Unterwalden. Er steht auf sein Schlachtschwert gestützt.)

Was ist's, das die drei Völker des Gebirgs
Hier an des Sees unwirthlichem Gestade
Zusammenführte in der Geisterstunde?
Was soll der Inhalt sein des neuen Bunds,
Den wie hier unterm Sternenhimmel stiften?

---

[1] Bondsman.

Stauffacher (tritt in den Ring).

Wir stiften keinen neuen Bund; es ist
Ein uralt Bündniß nur von Väter Zeit,
Das wir erneuern! Wisset, Eidgenossen!
Ob[1] uns der See, ob uns die Berge scheiden,
Und jedes Volk sich für sich selbst regiert,
So sind wir *eines* Stammes doch und Bluts,
Und *eine* Heimat ist's, aus der wir zogen.

Winkelried.

So ist es wahr, wie's in den Liedern lautet,
Daß wir von Fern' her in das Land gewallt?
O, theilt's uns mit, was Euch davon bekannt,
Daß sich der neue Bund am alten stärke.

Stauffacher.

Hört, was die alten Hirten sich erzählen.
— Es war ein großes Volk, hinten im Lande
Nach Mitternacht,[2] das litt von schwerer Theurung.
In dieser Noth beschloß die Landsgemeine,
Daß je der zehnte Bürger nach dem Los
Der Väter Land verlasse — Das geschah!
Und zogen aus,[3] wehklagend, Männer und Weiber,
Ein großer Heerzug,[4] nach der Mittagssonne,[5]
Mit dem Schwert sich schlagend durch das deutsche Land,
Bis an das Hochland dieser Waldgebirge;
Und eher nicht ermüdete der Zug,
Bis daß sie kamen in das wilde Thal,
Wo jetzt die Muotta[6] zwischen Wiesen rinnt —
Nicht Menschenspuren waren hier zu sehen,
Nur eine Hütte stand am Ufer einsam.
Da saß ein Mann und wartete der Fähre[7] —
Doch heftig wogete der See und war

---

[1] Whether, although; [2] the north; [3] to emigrate; [4] host; [5] the south; [6] the Muotta, a river; [7] der Fähre warten, to attend the ferry.

Nicht fahrbar; da besahen sie das Land
Sich näher und gewahrten schöne Fülle
Des Holzes und entdeckten gute Brunnen
Und meinten, sich im lieben Vaterland
Zu finden — Da beschlossen sie zu bleiben,
Erbaueten den alten Flecken Schwytz
Und hatten manchen sauren Tag, den Wald
Mit weit verschlungnen Wurzeln auszuroden[1] —
Drauf, als der Boden nicht mehr Gnüge that
Der Zahl des Volks, da zogen sie hinüber
Zum schwarzen Berg, ja, bis ans Weißland hin,
Wo, hinter ew'gem Eiseswall verborgen,
Ein andres Volk in andern Zungen spricht.
Den Flecken[2] Stanz erbauten sie am Kernwald,[3]
Den Flecken Altdorf in dem Thal der Reuß[4] —
Doch blieben sie des Ursprungs stets gedenk;
Aus all' den fremden Stämmen, die seitdem
In Mitte ihres Lands sich angesiedelt,
Finden die Schwytzer Männer sich heraus:
Es gibt das Herz, das Blut sich zu erkennen.

(Reicht rechts und links die Hand hin.)

Auf der Mauer.

Ja, wir sind eines Herzens, eines Bluts!

Alle (sich die Hände reichend).

Wir sind ein Volk, und einig wollen wir handeln.

Stauffacher.

Die andern Völker tragen fremdes Joch;
Sie haben sich dem Sieger unterworfen.
Es leben selbst in unsern Landesmarken
Der Sassen[5] viel, die fremde Pflichten tragen,
Und ihre Knechtschaft erbt[6] auf ihre Kinder.

---

[1] Ausroden, to clear, to root up; [2] small town; [3] name of a forest; [4] die Reuß, a river; [5] settlers; [6] their servitude descends.

Doch **wir**, der alten Schweizer echter Stamm,
Wir haben stets die Freiheit uns bewahrt.
Nicht unter Fürsten bogen wir das Knie;
Freiwillig wählten wir den Schirm der Kaiser.

Rösselmann.

Frei wählten wir des Reiches Schutz und Schirm:
So steht's bemerkt in Kaiser Friedrichs Brief.[1]

Stauffacher.

Denn herrenlos ist auch der Freiste nicht.
Ein Oberhaupt muß sein, ein höchster Richter,
Wo man das Recht mag schöpfen[2] in dem Streit.
Drum haben unsre Väter für den Boden,
Den sie der alten Wildniß abgewonnen,
Die Ehr' gegönnt[3] dem Kaiser, der den Herrn
Sich nennt der deutschen und der wälschen[4] Erde,[5]
Und, wie die andern Freien seines Reichs,
Sich ihm zu edelm Waffendienst gelobt:[6]
Denn Dieses ist der Freien einz'ge Pflicht,
Das Reich zu schirmen, das sie selbst beschirmt.

Melchthal.

Was drüber ist, ist Merkmal eines Knechts.

Stauffacher.

Sie folgten, wenn der Heribann[7] erging,
Dem Reichspanier[8] und schlugen seine Schlachten.
Nach Wälschland zogen sie gewappnet mit,
Die Römerkron' ihm auf das Haupt zu setzen.
Daheim regierten sie sich fröhlich selbst
Nach altem Brauch und eigenem Gesetz;
Der höchste Blutbann[9] war allein des Kaisers;
Und dazu war bestellt ein großer Graf,[10]

---

[1] Charter; [2] das Recht schöpfen, to obtain justice; [3] allowed, conferred; [4] Italian; [5] lands; [6] Waffendienst geloben, to promise military duty; [7] heriban, arriere ban of the French, call to arms; [8] imperial banner; [9] der höchste Blutbann, capital punishment; [10] *here means* Judge not Count.

Der hatte seinen Sitz nicht in dem Lande.
Wenn Blutschuld [1] kam, so rief man ihn herein,
Und unter offnem Himmel, schlicht und klar,
Sprach er das Recht, und ohne Furcht der Menschen.
Wo sind hier Spuren, daß wir Knechte sind?
Ist Einer, der es anders weiß, Der rede!

Im Hofe.

Nein, so verhält sich Alles, wie Ihr sprecht:
Gewaltherrschaft ward nie bei uns geduldet.

Stauffacher.

Dem Kaiser selbst versagten wir Gehorsam,
Da er das Recht zu Gunst der Pfaffen bog.[2]
Denn, als die Leute von dem Gotteshaus
Einsiedeln[3] uns die Alp in Anspruch nahmen,
Die wir beweidet seit der Väter Zeit,
Der Abt herfürzog einen alten Brief,
Der ihm die herrenlose Wüste schenkte —
Denn unser Dasein hatte man verhehlt —
Da sprachen wir: „Erschlichen[4] ist der Brief!
Kein Kaiser kann, was unser ist, verschenken;
Und, wird uns Recht versagt vom Reich, wir können
In unsern Bergen auch des Reichs entbehren.“
— So sprachen unsre Väter! sollen wir
Des neuen Joches Schändlichkeit erdulden,
Erleiden von dem fremden Knecht, was uns
In seiner Macht kein Kaiser durfte bieten?
— Wir haben diesen Boden uns erschaffen
Durch unsrer Hände Fleiß, den alten Wald,
Der sonst der Bären wilde Wohnung war,
Zu einem Sitz für Menschen umgewandelt;

[1] Blutschuld, capital crime; [2] to pervert justice; [3] das Gotteshaus Einsiedeln, the monastery of Einsiedeln; [4] erschleichen, to obtain surreptitiously.

Die Brut des Drachen haben wir getödtet,
Der aus den Sümpfen giftgeschwollen stieg;
Die Nebeldecke haben wir zerrissen,
Die ewig grau um diese Wildniß hing,
Den harten Fels gesprengt, über den Abgrund
Dem Wandersmann den sichern Steg geleitet;
Unser ist durch tausendjährigen Besitz
Der Boden — und der fremde Herrenknecht
Soll kommen dürfen und uns Ketten schmieden
Und Schmach anthun[1] auf unsrer eignen Erde?
Ist keine Hülfe gegen solchen Drang?

(Eine große Bewegung unter den Landleuten.)

Nein, eine Gränze hat Tyrannenmacht.
Wenn der Gedrückte nirgends Recht kann finden,
Wenn unerträglich wird die Last — greift er
Hinauf getrosten Muthes in den Himmel
Und holt herunter seine ew'gen Rechte
Die droben hangen unveräußerlich[2]
Und unzerbrechlich, wie die Sterne selbst —
Der alte Urstand der Natur kehrt wieder,[3]
Wo Mensch dem Menschen gegenüber steht —
Zum letzten Mittel, wenn kein andres mehr
Verfangen will,[4] ist ihm das Schwert gegeben —
Der Güter höchstes dürfen wir vertheid'gen
Gegen Gewalt — Wir stehn für unser Land,
Wir stehn für unsre Weiber, unsre Kinder!

Alle (an ihre Schwerter schlagend).

Wir stehn für unsre Weiber, unsre Kinder!

Rösselmann (tritt in den Ring).

Eh' ihr zum Schwerte greift, bedenkt es wohl!

---

[1] Schmach anthun, to insult; [2] inalienable; [3] nature returns to its original state; [4] the last means, when all others fail; verfangen, to avail.

Ihr könnt es friedlich mit dem Kaiser schlichten.
Es kostet euch ein Wort, und die Tyrannen,
Die euch jetzt schwer bedrängen, schmeicheln euch.
— Ergreift[1] was man euch oft geboten hat:
Trennt euch vom Reich, erkennet Oestreichs Hoheit —

Auf der Mauer.

Was sagt der Pfarrer? Wir zu Oestreich schwören!

Am Bühel.

Hört ihn nicht an!

Winkelried.

Das räth uns ein Verräther
Ein Feind des Landes!

Reding.

Ruhig, Eidgenossen!

Sewa.

Wir Oestreich huldigen, nach solcher Schmach?

Von der Flüe.

Wir uns abtrotzen lassen durch Gewalt,[2]
Was wir der Güte weigerten?

Meier.

Dann wären
Wir Sklaven und verdienten es zu sein!

Auf der Mauer.

Der sei gestoßen aus dem Recht der Schweizer,
Wer von Ergebung spricht an Oesterreich!
— Landammann, ich bestehe drauf: Dies sei
Das erste Landgesetz, das wir hier geben.

Melchthal.

So sei's. Wer von Ergebung spricht an Oestreich,

---

[1] Accept; [2] wir uns abtrotzen lassen durch Gewalt, was wir der Güte weigerten, yield to insolence and force, what we refused to kindness.

Soll rechtlos sein und aller Ehren baar,[1]
Kein Landmann nehm' ihn auf an seinem Feuer.

Alle (heben die rechte Hand auf.)

Wir wollen es, Das sei Gesetz!

Reding (nach einer Pause.)

Es ist's.

Rösselmann.

Jetzt seid ihr frei, ihr seid's durch dies Gesetz.
Nicht durch Gewalt soll Oesterreich ertrotzen,
Was es durch freundlich Werben[2] nicht erhielt —

Jost von Weiler.

Zur Tagesordnung, weiter!

Reding.

Eidgenossen!
Sind alle sanfte Mittel auch versucht?
Vielleicht weiß es der König nicht; es ist
Wohl gar sein Wille nicht, was wir erdulden.
Auch dieses Letzte sollten wir versuchen,
Erst unsre Klage bringen vor sein Ohr,
Eh' wir — zum Schwerte greifen. Schrecklich immer,
Auch in gerechter Sache ist Gewalt.
Gott hilft nur dann, wenn Menschen nicht mehr helfen.

Stauffacher (zu Konrad Hunn).

Nun ist's an Euch, Bericht zu geben. Redet!

Konrad Hunn.

Ich war zu Rheinfeld an des Kaisers Pfalz,[3]
Wider der Vögte harten Druck zu klagen,
Den Brief zu holen unsrer alten Freiheit,
Den jeder neue König sonst bestätigt.
Die Boten vieler Städte fand ich dort,
Vom schwäb'schen Lande und vom Lauf des Rheins,

---

[1] Baar, deprived; [2] friendly pleading; [3] palace.

Die all' erhielten ihre Pergamente
Und kehrten freudig wieder in ihr Land.
Mich, euren Boten, wies man an die Räthe,
Und die entließen mich mit leerem Trost:
„Der Kaiser habe diesmal keine Zeit;
„Er würde sonst einmal wohl an uns denken."
— Und, als ich traurig durch die Säle ging
Der Königsburg, da sah ich Herzog Hansen,[1]
In einem Erker weinend stehn, um ihn
Die edeln Herrn von Wart und Tegerfeld,
Die riefen mir und sagten: „Helft euch selbst!
„Gerechtigkeit erwartet nicht vom König.
„Beraubt er nicht des eignen Bruders Kind
„Und hinterhält[2] ihm sein gerechtes Erbe?
„Der Herzog fleht ihn um sein Mütterliches:[3]
„Er habe seine Jahre voll, es wäre
„Nun Zeit auch Land und Leute zu regieren.
„Was ward ihm zum Bescheid? Ein Kränzlein setzt' ihm
„Der Kaiser auf:[4] Das sei die Zier der Jugend."

Auf der Mauer.

Ihr habt's gehört. Recht und Gerechtigkeit
Erwartet nicht vom Kaiser! Helft euch selbst!

Reding.

Nichts Andres bleibt uns übrig. Nun gebt Rath,
Wie wir es klug zum frohen Ende leiten.

Walther Fürst (tritt in den Ring).

Abtreiben wollen wir verhaßten Zwang;
Die alten Rechte, wie wir sie ererbt
Von unsern Vätern, wollen wir bewahren,
Nicht ungezügelt nach dem Neuen greifen.
Dem Kaiser bleibe, was des Kaisers ist:
Wer einen Herrn hat, dien' ihm pflichtgemäß.

---

[1] Herzog Hansen, Duke John; [2] hinterhalten, to withhold; [3] his maternal inheritance; er sagt, *understood*; [4] und sagte, *understood*.

Meier.

Ich trage Gut von Oesterreich zu Lehen.

Walther Fürst.

Ihr fahret fort, Oestreich die Pflicht zu leisten.

Jost von Weiler.

Ich steure[1] an die Herrn von Rapperswеil.

Walther Fürst.

Ihr fahret fort, zu zinsen[2] und zu steuern.

Rösselmann.

Der großen Frau zu Zürich[3] bin ich vereidet.

Walther Fürst.

Ihr gebt dem Kloster, was des Klosters ist.

Stauffacher.

Ich trage keine Lehen, als des Reichs.

Walther Fürst.

Was sein muß, Das geschehe, doch nicht drüber.
Die Vögte wollen wir mit ihren Knechten
Verjagen und die festen Schlösser brechen;
Doch, wenn es sein mag, ohne Blut. Es sehe
Der Kaiser, daß wir nothgedrungen nur
Der Ehrfurcht fromme Pflichten abgeworfen.
Und, sieht er uns in unsern Schranken bleiben,
Vielleicht besiegt er staatsklug[4] seinen Zorn;
Denn bill'ge Furcht erwecket sich ein Volk,
Das mit dem Schwerte in der Faust sich *mäßigt*.

Reding.

Doch, lasset hören, *wie* vollenden wirs?
Es hat der Feind die Waffen in der Hand,
Und nicht fürwahr in Frieden wird er weichen.

---

[1] Steuern, to pay taxes; [2] to pay interest; [3] die große Frau zu Zürich, the Lady Abbess at Zürich; [4] with policy.

Stauffacher.

Er wird's, wenn er in Waffen uns erblickt;
Wir überraschen ihn, eh' er sich rüstet.

Meier.

Ist bald gesprochen, aber schwer gethan.
Uns ragen [1] in dem Land zwei feste Schlösser,
Die geben Schirm dem Feind und werden furchtbar,
Wenn uns der König in das Land sollt' fallen.
Roßberg und Sarnen muß bezwungen sein,
Eh' man ein Schwert erhebt in den drei Landen.

Stauffacher.

Säumt man so lang, so wird der Feind gewarnt;
Zu Viele sind's, die das Geheimniß theilen.

Meier.

In den Waldstädten find't sich kein Verräther.

Rösselmann.

Der Eifer auch, der gute, kann verrathen.

Walther Fürst.

Schiebt man es auf, so wird der Twing vollendet
In Altdorf, und der Vogt befestigt sich.

Meier.

Ihr denkt an euch.

Sigrist.

Und ihr seid ungerecht.

Meier (auffahrend.)

Wir ungerecht! Das darf uns Uri bieten!

Reding.

Bei eurem Eide, Ruh'!

Meier.

Ja, wenn sich Schwytz
Versteht [2] mit Uri, müssen wir wohl schweigen.

---

[1] There rise, rear their pinnacles; [2] sich verstehen mit, to side with.

Reding.

Ich muß euch weisen[1] vor der Landsgemeine,
Daß ihr mit heft'gem Sinn den Frieden stört!
Stehn wir nicht Alle für dieselbe Sache?

Winkelried.

Wenn wir's verschieben bis zum Fest des Herrn,[2]
Dann bringt's die Sitte mit,[3] daß alle Sassen[4]
Dem Vogt Geschenke bringen auf das Schloß:
So können zehen Männer oder zwölf
Sich unverdächtig in der Burg versammeln,
Die führen heimlich spitz'ge Eisen mit,
Die man geschwind kann an die Stäbe stecken,
Denn Niemand kommt[5] mit Waffen in die Burg.
Zunächst im Wald hält dann der große Haufe,
Und, wenn die Andern glücklich sich des Thors
Ermächtiget,[6] so wird ein Horn geblasen,
Und Jene brechen aus dem Hinterhalt:
So wird das Schloß mit leichter Arbeit unser.

Melchthal.

Den Roßberg übernehm' ich zu ersteigen,
Denn eine Dirn' des Schlosses ist mir hold,[7]
Und leicht bethör'[8] ich sie, zum nächtlichen
Besuch die schwanke Leiter mir zu reichen;
Bin ich droben erst, zieh' ich die Freunde nach.

Reding.

Ist's Aller Wille, daß verschoben werde?
(Die Mehrheit erhebt die Hand.)

Stauffacher (zählt die Stimmen).

Es ist ein Mehr von Zwanzig gegen Zwölf!

---

[1] To point out; [2] das Fest des Herrn, Christmas; [3] die Sitte bringt es mit, it is customary; [4] freeholder, settler; [5] is allowed to come; [6] sich ermächtigen, to take possession of; haben, *understood;* [7] hold sein, to be attached to, to be fond of; [8] to induce, infatuate.

Walther Fürst.

Wenn am bestimmten Tag die Burgen fallen,
So geben wir von einem Berg zum andern
Das Zeichen mit dem Rauch; der Landsturm wird
Aufgeboten,[1] schnell, im Hauptort jedes Landes;
Wenn dann die Vögte sehn der Waffen Ernst,
Glaubt mir, sie werden sich des Streits begeben[2]
Und gern ergreifen friedliches Geleit,[3]
Aus unsern Landesmarken zu entweichen.

Stauffacher.

Nur mit dem Geßler fürcht' ich schweren Stand,
Furchtbar ist er mit Reisigen umgeben;
Nicht ohne Blut räumt er das Feld,[4] ja, selbst
Vertrieben bleibt er furchtbar noch dem Land.
Schwer ist's und fast gefährlich, ihn zu schonen.

Baumgarten.

Wo's halsgefährlich ist, da stellt mich hin!
Dem Tell verdank' ich mein gerettet Leben.
Gern schlag' ich's in die Schanze[5] für das Land,
Mein' Ehr' hab' ich beschützt, mein Herz befriedigt.

Reding.

Die Zeit bringt Rath.[6] Erwartet's in Geduld!
Man muß dem Augenblick auch was vertrauen.
— Doch seht, indeß wir nächtlich hier noch tagen,
Stellt auf den höchsten Bergen schon der Morgen
Die glüh'nde Hochwacht[7] aus — Kommt, laßt uns scheiden,
Eh' uns des Tages Leuchten überrascht.

Walther Fürst.

Sorgt nicht, die Nacht weicht langsam aus den Thälern.

---

[1] Der Landsturm wird aufgeboten, the militia is called out, Landsturm, a sort of yeomanry; [2] sich des Streits begeben, to give up the struggle; [3] friedliches Geleit, safe conduct; [4] das Feld räumen, to quit the field of battle, to retreat; [5] die Schanze, the trench, redoubt, sein Leben in die Schanze schlagen, to risk one's life; [6] die Zeit bringt Rath, a Prov. Time will tell, or time brings advice; [7] mountain-guard.

(Alle haben unwillkürlich die Hüte abgenommen und betrachten mit stiller Sammlung die Morgenröthe.)

Rösselmann.

Bei diesem Licht, das uns zuerst begrüßt
Von allen Völkern, die tief unter uns
Schwerathmend wohnen in dem Qualm der Städte,
Laßt uns den Eid des neuen Bundes schwören.
— Wir wollen sein ein einzig Volk von Brüdern,
In keiner Noth uns trennen und Gefahr.

(Alle sprechen es nach mit erhobenen drei Fingern.)

— Wir wollen frei sein, wie die Väter waren,
Eher den Tod, als in der Knechtschaft leben.

(Wie oben.)

— Wir wollen trauen auf den höchsten Gott
Und uns nicht fürchten vor der Macht der Menschen.

(Wie oben. Die Landleute umarmen einander.)

Stauffacher.

Jetzt gehe Jeder seines Weges still
Zu seiner Freundschaft[1] und Genossame![2]
Wer Hirt ist, wintre ruhig seine Heerde
Und werb' im Stillen Freunde für den Bund!
— Was noch bis dahin muß erduldet werden,
Erduldet's! Laßt die Rechnung der Tyrannen
Anwachsen, bis ein Tag die allgemeine
Und die besondre Schuld auf Einmal zahlt.
Bezähme Jeder die gerechte Wuth
Und spare für das Ganze seine Rache:
Denn Raub begeht am allgemeinen Gut,
Wer selbst sich hilft in seiner eignen Sache.

(Indem sie zu drei verschiedenen Seiten in größter Ruhe abgehen, fällt das Orchester mit einem prachtvollen Schwung ein; die leere Scene bleibt noch eine Zeitlang offen und zeigt das Schauspiel der aufgehenden Sonne über den Eisgebirgen.

---

[1] Friends, relations; [2] companions.

Dritter Aufzug.

Erste Scene.

Hof vor Tells Hause.

Tell ist mit der Zimmeraxt, **Hedwig** mit einer häuslichen Arbeit beschäftigt. **Walther** und **Wilhelm** in der Tiefe spielend mit einer kleinen Armbrust.

Walther (singt).

Mit dem Pfeil, dem Bogen,
Durch Gebirg' und Thal
Kommt der Schütz gezogen
Früh am Morgenstrahl.

Wie im Reich der Lüfte
König ist der Weih[1] —
Durch Gebirg und Klüfte
Herrscht der Schütze[2] frei.

Ihm gehört das Weite:
Was sein Pfeil erreicht,
Das ist seine Beute,
Was da kreucht und fleugt.[3]

(Kommt gesprungen.)

Der Strang ist mir entzwei. Mach' mir ihn, Vater.

Tell.

Ich nicht. Ein rechter Schütze hilft sich selbst.

(Knaben entfernen sich.)

---

[1] Eagle; [2] marksman, hunter; [3] statt kriecht und fliegt, creeps and flies.

Hedwig.

Die Knaben fangen zeitig an zu schießen.

Tell.

Früh übt sich, was ein Meister werden will.

Hedwig.

Ach, wollte Gott, sie lernten's nie!

Tell.

Sie sollen Alles lernen. Wer durchs Leben
Sich frisch will wagen, muß zu Schutz und Trutz[1]
Gerüstet sein.

Hedwig.

Ach, es wird keiner seine Ruh'
Zu Hause finden.

Tell.

Mutter, ich kann's auch nicht!
Zum Hirten hat Natur mich nicht gebildet;
Rastlos muß ich ein flüchtig Ziel verfolgen.
Dann erst genieß' ich meines Lebens recht,
Wenn ich mir's jeden Tag aufs Neu' erbeute.[2]

Hedwig.

Und an die Angst der Hausfrau denkst du nicht,
Die sich indessen, deiner wartend, härmt.
Denn mich erfüllt's mit Grausen, was die Knechte
Von euren Wagefahrten sich erzählen.
Bei jedem Abschied zittert mir das Herz,
Daß du mir nimmer werdest wiederkehren.
Ich sehe dich, im wilden Eisgebirg'
Verirrt, von einer Klippe zu der andern
Den Fehlsprung thun, seh', wie die Gemse dich
Rückspringend mit sich in den Abgrund reißt,
Wie eine Windlawine dich verschüttet,

[1] Zu Schutz und Trutz, defensively and offensively; [2] wenn ich mir's erbeute, when I struggle for it (life); erbeuten, to obtain as a booty

Wie unter dir der trügerische Firn
Einbricht, und du hinabsinkst, ein lebendig
Begrabner, in die schauerliche Gruft —
Ach, den verwegnen Alpenjäger hascht
Der Tod in hundert wechselnden Gestalten!
Das ist ein unglückseliges Gewerb',
Das halsgefährlich führt am Abgrund hin!

Tell.

Wer frisch umherspäht mit gesunden Sinnen,
Auf Gott vertraut und die gelenke Kraft,
Der ringt sich leicht aus jeder Fahr[1] und Noth;
Den schreckt der Berg nicht, der darauf geboren.
(Er hat seine Arbeit vollendet, legt das Geräth hinweg.)
Jetzt, mein' ich, hält das Thor auf Jahr und Tag.
Die Axt im Haus erspart den Zimmermann.
(Nimmt den Hut.)

Hedwig.

Wo gehst du hin?

Tell.

Nach Altdorf zu dem Vater.

Hedwig.

Sinnst[2] du auch nichts Gefährliches? Gesteh' mir's!

Tell.

Wie kommst du darauf, Frau?

Hedwig.

Es spinnt sich etwas[3]
Gegen die Vögte — Auf dem Rütli ward
Getagt, ich weiß, und du bist auch im Bunde.

Tell.

Ich war nicht mit dabei — doch werd ich mich
Dem Lande nicht entziehen, wenn es ruft.

---

[1] Fahr for Gefahr; [2] sinnen, to ponder, to intend; [3] es spinnt sich etwas, there is something brooding.

Hedwig.

Sie werden dich hinstellen, wo Gefahr ist;
Das Schwerste wird dein Antheil sein, wie immer.

Tell.

Ein Jeder wird besteuert nach Vermögen.[1]

Hedwig.

Den Unterwaldner hast du auch im Sturme
Ueber den See geschafft — Ein Wunder war's,
Daß ihr entkommen — Dachtest du denn gar nicht
An Kind und Weib?

Tell.

Lieb' Weib, ich dacht' an euch:
Drum rettet' ich den Vater seinen Kindern.

Hedwig.

Zu schiffen in dem wüth'gen See! Das heißt
Nicht Gott vertrauen; Das heißt Gott versuchen!

Tell.

Wer gar zu viel bedenkt, wird wenig leisten.[2]

Hedwig.

Ja, du bist gut und hülfreich, dienest Allen,
Und, wenn du selbst in Noth kommst, hilft dir Keiner.

Tell.

Verhüt' es Gott, daß ich nicht[3] Hülfe brauche!
(Er nimmt die Armbrust und Pfeile.)

Hedwig.

Was willst du mit der Armbrust? Laß sie hier!

Tell.

Mir fehlt der Arm, wenn mir die Waffe fehlt.
(Die Knaben kommen zurück.)

Walther.

Vater, wo gehst du hin?

---

[1] Nach Vermögen, according to his capacity, property; [2] to accomplish; [3] nicht, *is not to be translated.*

Tell.

Nach Altdorf, Knabe,
Zum Ehni[1] — Willst du mit?

Walther.

Ja, freilich will ich.

Hedwig.

Der Landvogt ist jetzt dort. Bleib' weg von Altdorf.

Tell.

Er geht, noch heute.

Hedwig.

Drum laß ihn erst fort sein.
Gemahn'[2] ihn nicht an dich, du weißt, er grollt[3] uns.

Tell.

Mir soll sein böser Wille nicht viel schaden.
Ich thue recht und scheue keinen Feind.

Hedwig.

Die recht thun, eben Die haßt er am Meisten.

Tell.

Weil er nicht an sie kommen kann — Mich wird
Der Ritter wohl in Frieden lassen, mein' ich.

Hedwig.

So, weißt du Das?

Tell.

Es ist nicht lange her,
Da ging ich jagen durch die wilden Gründe
Des Schächenthals[4] auf menschenleerer Spur,
Und, da ich einsam einen Felsensteig,
Verfolgte, wo nicht auszuweichen[5] war,
Denn über mir hing schroff die Felswand her,
Und unten rauschte fürchterlich der Schächen,[6]

[1] Grand-papa; [2] to put in mind; [3] grollen, to have a grudge against; [4] P. N., a valley; [5] to turn aside; [6] P. N. a river.

(Die Knaben drängen sich rechts und links an ihn und sehen mit gespannter Neugier[1] an ihm hinauf.)

Da kam der Landvogt gegen mich daher,
Er ganz allein mit mir, der auch allein war,
Bloß Mensch zu Mensch, und neben uns der Abgrund.
Und, als der Herre[2] mein ansichtig ward[3]
Und mich erkannte, den er kurz zuvor
Um kleiner Ursach willen schwer gebüßt,
Und sah mich mit dem stattlichen Gewehr
Daher geschritten kommen, da[4] verblaßt' er,
Die Knie versagten ihm, ich sah es kommen,
Daß er jetzt an die Felswand würde sinken.
— Da jammerte mich sein,[5] ich trat zu ihm
Bescheidentlich und sprach: Ich bin's, Herr Landvogt.
Er aber konnte keinen andern Laut
Aus seinem Munde geben — Mit der Hand nur
Winkt' er mir schweigend, meines Wegs zu gehn:
Da ging ich fort, und sandt' ihm sein Gefolge.

Hedwig.

Er hat vor dir gezittert — Wehe dir!
Daß du ihn schwach gesehen, vergibt er nie.

Tell.

Drum meid' ich ihn, und er wird mich nicht suchen.

Hedwig.

Bleib' heute nur dort weg! Geh' lieber jagen!

Tell.

Was fällt dir ein![6]

Hedwig.

Mich ängstigt's.[7] Bleibe weg!

Tell.

Wie kannst du dich so ohne Ursach quälen?

---

[1] Anxious, excited curiosity; [2] inst. of Herr; [3] ansichtig werden, to perceive; [4] verblassen, to turn pale; [5] da jammerte mich sein, I felt pity for him; [6] What is the matter with you? What are you thinking about? [7] ängstigen, to terrify.

Hedwig.

Weil's keine Ursach hat — Tell, bleibe hier!

Tell.

Ich hab's versprochen, liebes Weib, zu kommen.

Hedwig.

Mußt du, so geh' — nur lasse mir den Knaben!

Walther.

Nein, Mütterchen. Ich gehe mit dem Vater.

Hedwig.

Wälty, verlassen willst du deine Mutter?

Walther.

Ich bring' dir auch was Hübsches mit vom Ehni.

(Geht mit dem Vater.)

Wilhelm.

Mutter, ich bleibe bei dir!

Hedwig (umarmt ihn).

Ja, du bist
Mein liebes Kind: du bleibst mir noch allein!

(Sie geht an das Hofthor und folgt den Abgehenden lange mit den Augen.)

Zweite Scene.

Eine eingeschlossene wilde Waldgegend, Staubbäche[1] stürzen von den Felsen.

Bertha im Jagdkleid. Gleich darauf **Rudenz**.

Bertha.

Er folgt mir. Endlich kann ich mich erklären.

Rudenz (tritt rasch ein).

Fräulein, jetzt endlich find' ich Euch allein.
Abgründe schließen rings umher uns ein;

---

[1] Waterfalls which from their great height are dissolved into spray.

In dieser Wildniß fürcht' ich keinen Zeugen:
Vom Herzen wälz'[1] ich dieses lange Schweigen —

Bertha.

Seid Ihr gewiß, daß uns die Jagd nicht folgt?

Rudenz.

Die Jagd ist dort hinaus — Jetzt oder nie!
Ich muß den theuren Augenblick ergreifen —
Entschieden sehen muß ich mein Geschick,
Und sollt' es mich auf ewig von Euch scheiden.
— O, waffnet Eure güt'gen Blicke nicht
Mit dieser finstern Strenge — Wer bin ich,
Daß ich den kühnen Wunsch zu Euch erhebe?
Mich hat der Ruhm noch nicht genannt; ich darf
Mich in die Reih' nicht stellen mit den Rittern,
Die siegberühmt und glänzend Euch umwerben.[2]
Nichts hab' ich, als mein Herz voll Treu' und Liebe—

Bertha (ernst und streng).

Dürft Ihr von Liebe reden und von Treue,
Der treulos wird an seinen nächsten Pflichten?
(Rudenz tritt zurück.)
Der Sklave Oesterreichs, der sich dem Fremdling
Verkauft, dem Unterdrücker seines Volks?

Rudenz.

Von Euch, mein Fräulein, hör' ich diesen Vorwurf?
Wen such' ich denn, als Euch, auf jener Seite?

Bertha.

Mich denkt Ihr auf der Seite des Verraths
Zu finden? Eher wollt' ich meine Hand
Dem Geßler selbst, dem Unterdrücker, schenken,
Als dem naturvergess'nen Sohn der Schweiz,
Der sich zu seinem Werkzeug machen kann!

---

[1] Vom Herzen wälzen, to unburden one's heart of . . . ; [2] umwerben, to surround and court.

Rudenz.

O Gott, was muß ich hören?

Bertha.

Wie? Was liegt
Dem guten Menschen näher, als die Seinen?
Gibt's schönre Pflichten für ein edles Herz,
Als ein Vertheidiger der Unschuld sein,
Das Recht der Unterdrückten zu beschirmen?
— Die Seele blutet mir um Euer Volk;
Ich leide mit ihm, denn ich muß es lieben,
Das so bescheiden ist und doch voll Kraft;
Es zieht mein ganzes Herz mich zu ihm hin,
Mit jedem Tage lern' ich's mehr verehren.
— Ihr aber, den Natur und Ritterpflicht
Ihm zum geborenen[1] Beschützer gaben,
Und der's verläßt, der treulos übertritt
Zum Feind und Ketten schmiedet seinem Land,
Ihr seid's, der mich verletzt und kränkt: ich muß
Mein Herz bezwingen, daß ich Euch nicht hasse.

Rudenz.

Will ich denn nicht das Beste[2] meines Volks?
Ihm unter Oestreichs mächt'gem Scepter nicht
Den Frieden[3] —

Bertha.

Knechtschaft wollt Ihr ihm bereiten!
Die Freiheit wollt Ihr aus dem letzten Schloß,[4]
Das ihr noch auf der Erde blieb, verjagen.
Das Volk versteht sich besser auf sein Glück;
Kein Schein verführt sein sicheres Gefühl.
Euch haben sie das Netz ums Haupt geworfen —

---

[1] Natural; [2] will ich denn nicht das Beste, do I not seek the welfare; [3] bereiten *understood;* [4] stronghold.

Rudenz.

Bertha, Ihr haßt mich, Ihr verachtet mich!

Bertha.

Thät' ich's, mir wäre besser — Aber Den
Verachtet *sehen* und verachtungswerth,
Den man gern lieben möchte —

Rudenz.

Bertha! Bertha!
Ihr zeiget mir das höchste Himmelsglück
Und stürzt mich tief in *einem*[1] Augenblick.

Bertha.

Nein, nein, das Edle ist nicht ganz erstickt
In Euch! Es schlummert nur, ich will es wecken;
Ihr müßt Gewalt ausüben an Euch selbst,
Die angestammte Tugend zu ertödten;[2]
Doch, wohl Euch! sie ist mächtiger, als Ihr,
Und trotz Euch selber seid Ihr gut und edel!

Rudenz.

Ihr glaubt an mich? O Bertha, Alles läßt
Mich Eure Liebe sein und werden!

Bertha.

Seid,
Wozu die herrliche Natur Euch machte!
Erfüllt den Platz, wohin sie Euch gestellt!
Zu Eurem Volke steht und Eurem Lande
Und kämpft für Euer heilig Recht!

Rudenz.

Weh' mir!
Wie kann ich Euch erringen, Euch besitzen,
Wenn ich der Macht des Kaisers widerstrebe?

---

[1] The same moment; [2] Ihr müßt Gewalt . . ., to kill the virtue belonging to your race, you are obliged to do violence to yourself.

Ist's der Verwandten mächt'ger Wille nicht,
Der über eure Hand tyrannisch waltet?

Bertha.

In den Waldstädten liegen meine Güter,
Und, ist der Schweizer frei, so bin auch ich's.

Rudenz.

Bertha, welch einen Blick thut Ihr mir auf! [1]

Bertha.

Hofft nicht durch Oestreichs Gunst mich zu erringen;
Nach meinem Erbe strecken sie die Hand,
Das will man mit dem großen Erb' vereinen.
Dieselbe Ländergier, die Eure Freiheit
Verschlingen will, sie drohet auch der meinen!
— O Freund, zum Opfer bin ich ausersehn,
Vielleicht, um einen Günstling zu belohnen —
Dort, wo die Falschheit und die Ränke wohnen;
Hin an den Kaiserhof will man mich ziehn;
Dort harren mein verhaßter Ehe Ketten;
Die Liebe nur — die Eure kann mich retten!

Rudenz.

Ihr könntet Euch entschließen, hier zu leben,
In meinem Vaterlande mein zu sein?
O Bertha, all' mein Sehnen in die Weite, [2]
Was war es, als ein Streben nur nach Euch?
Euch sucht' ich einzig auf dem Weg des Ruhms,
Und all' mein Ehrgeiz war nur meine Liebe.
Könnt Ihr mit mir Euch in das stille Thal
Einschließen und der Erde Glanz entsagen —
O, dann ist meines Strebens Ziel gefunden;
Dann mag der Strom der wildbewegten Welt

---

[1] Welch einen Blick thut Ihr mir auf, what a prospect do you open for me; [2] Sehnen in die Weite, longing for foreign parts.

Ans sichre Ufer dieser Berge schlagen —
Kein flüchtiges Verlangen hab' ich mehr
Hinaus zu senden in des Lebens Weiten —
Dann mögen diese Felsen um uns her
Die undurchdringlich feste Mauer breiten,
Und dies verschloss'ne sel'ge Thal allein
Zum Himmel offen und gelichtet sein!

Bertha.

Jetzt bist du ganz, wie dich mein ahnend Herz
Geträumt, mich hat mein Glaube nicht betrogen!

Rudenz.

Fahr' hin,[1] du eitler Wahn, der mich bethört!
Ich soll das Glück in meiner Heimat finden.
Hier, wo der Knabe fröhlich aufgeblüht,
Wo tausend Freudespuren mich umgeben,
Wo alle Quellen mir und Bäume leben,[2]
Im Vaterland willst du die Meine werden!
Ach, wohl hab' ich es stets geliebt! Ich fühl's,
Es fehlte mir zu jedem Glück auf Erden.

Bertha.

Wo wär' die sel'ge Insel aufzufinden,
Wenn sie nicht hier ist, in der Unschuld Land!
Hier, wo die alte Treue heimisch wohnt,
Wo sich die Falschheit noch nicht hingefunden?
Da trübt kein Neid die Quelle unsers Glücks,
Und ewig hell entfliehen uns die Stunden.
— Da seh' ich dich im echten Männerwerth,
Den Ersten von den Freien und den Gleichen,
Mit reiner, freier Huldigung verehrt,
Groß, wie ein König wirkt in seinen Reichen?

---

[1] Away; [2] mir leben, to me are animated objects.

Rudenz.

Da seh' ich dich, die Krone[1] aller Frauen,
In weiblich reizender Geschäftigkeit
In meinem Haus den Himmel mir erbauen
Und, wie der Frühling seine Blumen streut,
Mit schöner Anmuth mir das Leben schmücken
Und Alles rings beleben und beglücken!

Bertha.

Sieh', theurer Freund, warum ich trauerte,
Als ich dies höchste Lebensglück dich selbst
Zerstören sah — Weh' mir! Wie ständ's um mich,
Wenn ich dem stolzen Ritter müßte folgen,
Dem Landbedrücker, auf sein finstres Schloß!
— Hier ist kein Schloß. Mich scheiden keine Mauern
Von einem Volk, das ich beglücken kann!

Rudenz.

Doch wie mich retten — wie die Schlinge lösen,
Die ich mir thöricht selbst ums Haupt gelegt?

Bertha.

Zerreiße sie mit männlichem Entschluß!
Was auch draus werde — steh' zu deinem Volk!
Es ist dein angeborner Platz.

(Jagdhörner in der Ferne.)

Die Jagd
Kommt näher — fort, wir müssen scheiden — Kämpfe
Fürs Vaterland! Du kämpfest für deine Liebe;
Es ist *ein* Feind, vor dem wir alle zittern,
Und *eine* Freiheit macht uns Alle frei!

(Gehen ab.)

[1] Paragon, crown.

Dritte Scene.

Wiese bei Altdorf.

Im Vordergrund Bäume, in der Tiefe der Hut auf einer Stange. Der Prospect wird begränzt durch den Bannberg, über welchem ein Schneegebirg emporragt.

Frießhardt und **Leuthold** halten Wache.

Frießhardt.

Wir passen auf umsonst. Es will sich Niemand
Heran begeben und dem Hut sein' Reverenz
Erzeigen. 's war doch sonst wie Jahrmarkt hier;
Jetzt ist der ganze Anger wie verödet,
Seitdem der Popanz[1] auf der Stange hängt.

Leuthold.

Nur schlecht Gesindel läßt sich sehn und schwingt
Uns zum Verdrusse die zerlumpten Mützen.
Was rechte[2] Leute sind, die machen lieber
Den langen Umweg[3] um den halben Flecken,
Eh' sie den Rücken beugten vor dem Hut.

Frießhardt.

Sie müssen über diesen Platz, wenn sie
Vom Rathhaus kommen um die Mittagsstunde.
Da meint' ich schon, 'nen guten Fang zu thun,
Denn Keiner dachte dran, den Hut zu grüßen.
Da sieht's der Pfaff, der Rösselmann — kam just
Von einem Kranken her — und stellt sich hin
Mit dem Hochwürd'gen,[4] grad' vor die Stange —
Der Sigrist mußte mit dem Glöcklein schellen:
Da fielen All' aufs Knie, ich selber mit,
Und grüßten die Monstranz,[5] doch nicht den Hut. —

[1] Bugbear; [2] decent; [3] einen Umweg machen, to go around, to go out of one's way; [4] host; [5] the box in which the host is kept.

Leuthold.

Höre, Gesell, es fängt mir an zu däuchten,[1]
Wir stehen hier am Pranger[2] vor dem Hut;
's ist doch ein Schimpf für einen Reitersmann,
Schildwach' zu stehn vor einem leeren Hut —
Und jeder rechte Kerl muß uns verachten.
— Die Reverenz zu machen einem Hut,
Es ist doch, traun,[3] ein närrischer Befehl!

Frießhardt.

Warum nicht einem leeren, hohlen Hut?
Bückst du dich doch vor manchem hohlen Schädel.

Hildegard, Mechthild und **Elsbeth** treten auf mit Kindern und stellen sich um die Stange.

Leuthold.

Und du bist auch so ein dienstfert'ger Schurke
Und brächtest wackre Leute gern ins Unglück.
Mag, wer da will, am Hut vorübergehn;
Ich drück' die Augen zu und seh' nicht hin.

Mechthild.

Da hängt der Landvogt — habt Respect, ihr Buben!

Elsbeth.

Wollt's Gott, er ging' und ließ' uns seinen Hut:
Es sollte drum nicht schlechter stehn ums Land!

Frießhardt (verscheucht sie).

Wollt ihr vom Platz! Verwünschtes Volk der Weiber!
Wer fragt nach Euch! Schickt eure Männer her,
Wenn sie der Muth sticht, dem Befehl zu trotzen.[4]

(Weiber gehen.)

Tell mit der Armbrust tritt auf, den Knaben an der Hand führend; sie gehen an dem Hut vorbei gegen die vordere Scene, ohne darauf zu achten.

---

[1] Es fängt mir an zu däuchten, I begin to think; [2] am Pranger stehen, to be in the pillory; [3] traun, indeed; [4] to defy.

Walther (zeigt nach dem Bannberg).

Vater, ist's wahr, daß auf dem Berge dort
Die Bäume bluten, wenn man einen Streich
Drauf führte mit der Axt —

Tell.

Wer sagt das, Knabe?

Walther.

Der Meister Hirt erzählt's — Die Bäume seien
Gebannt,[1] sagt er, und, wer sie schädige,
Dem wachse seine Hand heraus zum Grabe.

Tell.

Die Bäume sind gebannt, das ist die Wahrheit.
— Siehst du die Firnen dort, die weißen Hörner,
Die hoch bis in den Himmel sich verlieren?

Walther.

Das sind die Gletscher, die des Nachts so donnern
Und uns die Schlaglawinen[2] niedersenden.

Tell.

So ist's, und die Lawinen hätten längst
Den Flecken Altdorf unter ihrer Last
Verschüttet, wenn der Wald dort oben nicht
Als eine Landwehr[3] sich dagegen stellte.

Walther (nach einigem Besinnen).

Gib's Länder, Vater, wo nicht Berge sind?

Tell.

Wenn man hinunter steigt von unsern Höhen
Und immer tiefer steigt, den Strömen nach,
Gelangt man in ein großes, ebnes Land,
Wo die Waldwasser nicht mehr brausend schäumen,
Die Flüsse ruhig und gemächlich ziehn;
Da sieht man frei nach allen Himmelsräumen.

---

[1] Gebannt; enchanted; [2] Schlaglawine, avalanche; [3] rampart.

Das Korn wächst dort in langen, schönen Auen,
Und wie ein Garten ist das Land zu schauen.

Walther.

Ei, Vater, warum steigen wir denn nicht
Geschwind hinab in dieses schöne Land,
Statt daß wir hier uns ängstigen und plagen?

Tell.

Das Land ist schön und gütig, wie der Himmel;
Doch, die's bebauen, sie genießen nicht
Den Segen, den sie pflanzen.

Walther

Wohnen sie
Nicht frei, wie du, auf ihrem eignen Erbe?

Tell.

Das Feld gehört dem Bischof und dem König.

Walther.

So dürfen sie doch frei in Wäldern jagen?

Tell.

Dem Herrn gehört das Wild[1] und das Gefieder.[2]

Walther.

Sie dürfen doch frei fischen in dem Strom?

Tell.

Der Strom, das Meer, das Salz gehört dem König.

Walther.

Wer ist der König denn, den Alle fürchten?

Tell.

Es ist der Eine, der sie schützt und nährt.

Walther.

Sie können sich nicht muthig selbst beschützen?

Tell.

Dort darf der Nachbar nicht dem Nachbar trauen.

---

[1] Game; [2] birds.

Walther.

Vater, es wird mir eng im weiten Land
Da wohn' ich lieber unter den Lawinen.

Tell.

Ja, wohl ist's besser, Kind, die Gletscherberge
Im Rücken haben, als die bösen Menschen.
(Sie wollen vorüber gehen.)

Walther.

Ei, Vater, sieh' den Hut dort auf der Stange!

Tell.

Was kümmert uns der Hut! Komm, laß uns gehen!
(Indem er abgehen will, tritt ihm Frießhardt mit vorgehaltener Pike entgegen.)

Frießhardt.

In des Kaisers Namen! Haltet an und steht!

Tell (greift in die Pike).

Was wollt Ihr? Warum haltet Ihr mich auf?

Frießhardt.

Ihr habt's Mandat verletzt;[1] Ihr müßt uns folgen.

Leuthold.

Ihr habt dem Hut nicht Rererenz bewiesen.

Tell.

Freund, laßt mich gehen!

Frießhardt.

Fort, fort ins Gefängniß!

Walther.

Den Vater ins Gefängniß! Hülfe! Hülfe!
(In die Scene rufend.)
Herbei, ihr Männer, gute Leute, helft!
Gewalt! Gewalt! Sie führen ihn gefangen.

[1] acted against the ordinance.

Rösselmann, der Pfarrer, und **Petermann,** der Sigrist, kommen herbei mit drei andern Männern.

Sigrist.

Was gibt's?

Rösselmann.

Was legst du Hand an diesen Mann?

Frießhardt.

Er ist ein Feind des Kaisers, ein Verräther!

Tell (faßt ihn heftig).

Ein Verräther, ich!

Rösselmann.

Du irrst dich, Freund. Das ist
Der Tell, ein Ehrenmann und guter Bürger.

Walther
(erblickt Walther Fürsten und eilt ihm entgegen).

Großvater, hilf! Gewalt geschieht dem Vater.

Frießhardt.

Ins Gefängniß, fort!

Walther Fürst (herbeieilend).

Ich leiste Bürgschaft,[1] haltet!
— Um Gottes willen, Tell, was ist geschehen?

Melchthal und **Stauffacher** kommen.

Frießhardt.

Des Landvogts oberherrliche Gewalt
Verachtet er und will sie nicht erkennen.

Stauffacher.

Das hätt' der Tell gethan?

Melchthal.

Das lügst du, Bube!

Leuthold.

Er hat dem Hut nicht Reverenz bewiesen.

[1] Bürgschaft leisten, to give security.

Walther Fürst.

Und darum soll er ins Gefängniß? Freund,
Nimm meine Bürgschaft an und laß ihn ledig.

Frießhardt.

Bürg' du für dich und deinen eignen Leib!
Wir thun, was unsers Amtes — Fort mit ihm!

Melchthal (zu den Landleuten).

Nein, das ist schreiende Gewalt! Ertragen wir's,
Daß man ihn wegführt, frech, vor unsern Augen?

Sidrist.

Wir sind die Stärkern. Freunde, duldet's nicht!
Wir haben einen Rücken an den Andern!

Frießhardt.

Wer widersetzt sich dem Befehl des Vogts?

Noch drei Landleute (herbeieilend).

Wir helfen euch. Was gibt's? Schlagt sie zu Boden!

(Hildegart, Mechthild und Elsbeth kommen zurück.)

Tell.

Ich helfe mir schon selbst. Geht, gute Leute!
Meint ihr, wenn ich die Kraft gebrauchen wollte,
Ich würde mich vor ihren Spießen fürchten?

Melchthal (zu Frießhardt).

Wag's, ihn aus unsrer Mitte wegzuführen!

Walther Fürst und **Stauffacher.**

Gelassen! ruhig!

Frießhardt (schreit).

Aufruhr und Empörung!

(Man hört Jagdhörner.)

Weiber.

Da kommt der Landvogt!

Frießhardt (erhebt die Stimme).

Meuterei! Empörung!

Stauffacher.

Schrei', daß du berstest, Schurke!

Rösselmann und **Melchthal.**

Willst du schweigen?

Frießhardt (ruft noch lauter).

Zu Hülf', zu Hülf' den Dienern des Gesetzes!

Walther Fürst.

Da ist der Vogt! Weh' uns, was wird das werden!

(**Geßler** zu Pferd, den Falken auf der Faust, **Rudolph der Harras, Bertha** und **Rudenz,** ein großes Gefolge von bewaffneten Knechten, welche einen Kreis von Piken um die ganze Scene schließen.)

Rudolph der Harras.

Platz, Platz dem Landvogt!

Geßler.

Treibt sie auseinander!
Was läuft das Volk zusammen? Wer ruft Hülfe?
(Allgemeine Stille.)
Wer war's? Ich will es wissen.
(Zu Frießhardt.)
Du tritt'st vor!
Wer bist du, und was hältst du diesen Mann?
(Er gibt den Falken einem Diener.)

Frießhardt.

Gestrenger Herr, ich bin dein Waffenknecht[1]
Und wohlbestellter[2] Wächter bei dem Hut.
Diesen Mann ergriff ich über frischer That,
Wie er dem Hut den Ehrengruß versagte.
Verhaften wollt' ich ihn, wie du befahlst,
Und mit Gewalt will ihn das Volk entreißen.

Geßler (nach einer Pause).

Verachtest du so deinen Kaiser, Tell,
Und *mich*, der hier an seiner Statt gebietet,

[1] Man at arms; [2] properly appointed.

Daß du die Ehr' versagst dem Hut, den ich
Zur Prüfung[1] des Gehorsams aufgehangen?
Dein böses Trachten[2] hast du mir verrathen.

Tell.

Verzeiht mir, lieber Herr! Aus Unbedacht,
Nicht aus Verachtung Euer ist's geschehn.
Wär' ich besonnen, hieß ich nicht der Tell.
Ich bitt' um Gnad', es soll nicht mehr begegnen.[3]

Geßler (nach einigem Stillschweigen).

Du bist ein Meister auf der Armbrust, Tell;
Man sagt, du nehmst es auf mit jedem Schützen?[4]

Walther.

Und das muß wahr sein, Herr, 'nen Apfel schießt
Der Vater dir vom Baum auf hundert Schritte.

Geßler.

Ist das dein Knabe, Tell?

Tell.

Ja, lieber Herr.

Geßler.

Hast du der Kinder mehr?

Tell.

Zwei Knaben, Herr.

Geßler.

Und welcher ist's, den du am meisten liebst?

Tell.

Herr, beide sind sie mir gleich liebe Kinder.

Geßler.

Nun, Tell! weil du den Apfel triffst vom Baume
Auf hundert Schritt, so wirst du deine Kunst
Vor mir bewähren müssen — Nimm die Armbrust —
Du hast sie gleich zur Hand — und mach' dich fertig,

---

[1] As a test; [2] intent; [3] to happen; [4] es aufnehmen mit to be a match for.

Einen Apfel von des Knaben Kopf zu schießen —
Doch, will ich rathen, ziele gut, daß du
Den Apfel treffest auf den ersten Schuß;
Denn, fehlst du ihn, so ist dein Kopf verloren.

(Alle geben Zeichen des Schreckens.)

Tell.

Herr — welches Ungeheure sinnet Ihr
Mir an?[1] — Ich soll vom Haupte meines Kindes —
— Nein, nein doch, lieber Herr, das kommt Euch nicht
Zu Sinn — Verhüt's der gnäd'ge Gott — Das könnt Ihr
Im Ernst von einem Vater nicht begehren!

Geßler.

Du wirst den Apfel schießen von dem Kopf
Des Knaben — ich begehr's und will's.

Tell.

Ich soll
Mit meiner Armbrust auf das liebe Haupt
Des eignen Kindes zielen? — Eher sterb' ich!

Geßler.

Du schießest oder stirbst mit deinem Knaben.

Tell.

Ich soll der Mörder werden meines Kinds!
Herr, Ihr habt keine Kinder — wisset nicht,
Was sich bewegt in eines Vaters Herzen.

Geßler.

Ei, Tell, du bist ja plötzlich so besonnen!
Man sagte mir, daß du ein Träumer seist
Und dich entfernst von andrer Menschen Weise.
Du liebst das Seltsame — drum hab' ich jetzt
Ein eigen Wagstück[2] für dich ausgesucht.

---

[1] Jemandem etwas ansinnen, to exact something from a person; [2] a hazardous enterprise, an exploit.

Ein Andrer wohl bedächte sich — du drückst
Die Augen zu und greifst es herzhaft an.[1]

Bertha.

Scherzt nicht, o Herr, mit diesen armen Leuten!
Ihr seht sie bleich und zitternd stehn — So wenig
Sind sie Kurzweils gewohnt aus Eurem Munde.

Geßler.

Wer sagt Euch, daß ich scherze?
(Greift nach einem Baumzweige, der über ihn herhängt.)
Hier ist der Apfel.
Man mache Raum — er nehme seine Weite,[2]
Wie's Brauch ist — achtzig Schritte geb' ich ihm —
Nicht weniger, noch mehr — Er rühmte sich,
Auf ihrer hundert seinen Mann zu treffen —
Jetzt, Schütze, triff und fehle nicht das Ziel!

Rudolph der Harras.

Gott, das wird ernsthaft — Falle nieder, Knabe,
Es gilt,[3] und fleh' den Landvogt um dein Leben!

Walther Fürst
(bei Seite zu Melchthal, der kaum seine Ungeduld bezwingt).

Haltet an Euch![4] ich fleh' Euch drum, bleibt ruhig!

Bertha (zum Landvogt).

Laßt es genug sein, Herr! Unmenschlich ist's,
Mit eines Vaters Angst also zu spielen.
Wenn dieser arme Mann auch Leib und Leben
Verwirkt[5] durch seine leichte Schuld, bei Gott!
Er hätte jetzt zehnfachen Tod empfunden.
Entlaßt ihn ungekränkt in seine Hütte,
Er hat Euch kennen lernen; dieser Stunde
Wird er und seine Kindeskinder denken.

---

[1] Etwas angreifen, to go to work at a thing; [2] seine Weite nehmen, to measure the distance; [3] es gilt, it is no jest; [4] restrain yourself; [5] Leib und Leben verwirken, to forfeit body and life.

Geßler.

Oeffnet die Gasse — Frisch! was zauderst du?
Dein Leben ist verwirkt, ich kann dich tödten,
Und, sieh', ich lege gnädig dein Geschick
In deine eigne kunstgeübte Hand.
Der kann nicht klagen über harten Spruch,
Den man zum Meister seines Schicksals macht.
Du rühmst dich deines sichern Blicks. Wohlan!
Hier gilt es, Schütze, deine Kunst zu zeigen:[1]
Das Ziel ist würdig, und der Preis ist groß!
Das Schwarze treffen in der Scheibe, das
Kann auch ein Andrer; der ist mir der Meister,
Der seiner Kunst gewiß ist überall,
Dem's Herz nicht in die Hand tritt,[2] noch ins Auge.

Walther Fürst (wirft sich vor ihm nieder).

Herr Landvogt, wir erkennen Eure Hoheit;
Doch lasset Gnad' für Recht ergehen, nehmt
Die Hälfte meiner Habe, nehmt sie ganz!
Nur dieses Gräßliche erlasset einem Vater!

Walther Tell.

Großvater, knie nicht vor dem falschen Mann!
Sagt, wo ich hinstehn soll. Ich fürcht' mich nicht.
Der Vater trifft den Vogel ja im Flug,
Er wird nicht fehlen auf das Herz des Kindes.

Stauffacher.

Herr Landvogt, rührt Euch nicht des Kindes Unschuld?

Rösselmann.

O, denket, daß ein Gott im Himmel ist,
Dem Ihr müßt Rede stehn[3] für Eure Thaten.

---

[1] Hier gilt es deine Kunst zu zeigen, now is the time to show thy art; [2] dem's Herz nicht in die Hand tritt, whose heart does not effect his hand; [3] Jemandem Rede stehen, to account to a person.

Geßler (zeigt auf den Knaben).

Man bind' ihn an die Linde dort!

Walther Tell.

Mich binden!
Nein, ich will nicht gebunden sein. Ich will
Still halten, wie ein Lamm, und auch nicht athmen.
Wenn ihr mich bindet, nein, so kann ich's nicht,
So werd' ich toben gegen meine Bande.

Rudolph der Harras.

Die Augen nur laß dir verbinden, Knabe!

Walther Tell.

Warum die Augen! Denket Ihr, ich fürchte
Den Pfeil von Vaters Hand? Ich will ihn fest
Erwarten und nicht zucken mit den Wimpern.
— Frisch, Vater, zeig's, daß du ein Schütze bist!
Er glaubt dir's nicht, er denkt uns zu verderben —
Dem Wüthrich zum Verdrusse[1] schieß' und triff!

(Er geht an die Linde, man legt ihm den Apfel auf.)

Melchthal (zu den Landleuten).

Was? Soll der Frevel[2] sich vor unsern Augen
Vollenden? Wozu haben wir geschworen?

Stauffacher.

Es ist umsonst. Wir haben keine Waffen;
Ihr seht den Wald von Lanzen um uns her.

Melchthal.

O, hätten wir's mit frischer That vollendet!
Verzeih's Gott Denen, die zum Aufschub riethen!

Geßler (zu Tell).

Ans Werk! Man führt die Waffen nicht vergebens.
Gefährlich ist's, ein Mordgewehr zu tragen,
Und auf den Schützen springt der Pfeil zurück.

---

[1] Zum Verdruß, to annoy, to spite; [2] outrage.

Dies stolze Recht, das sich der Bauer nimmt,
Beleidiget den höchsten Herrn des Landes.
Gewaffnet sei Niemand, als wer gebietet.
Freut's Euch, den Pfeil zu führen und den Bogen,
Wohl, so will ich das Ziel Euch dazu geben.

Tell

(spannt die Armbrust und legt den Pfeil auf.)

Oeffnet die Gasse! Platz!

Stauffacher.

Was, Tell? Ihr wolltet — Nimmermehr — Ihr zittert,
Die Hand erbebt Euch, Eure Knie wanken —

Tell (läßt die Armbrust sinken).

Mir schwimmt es vor den Augen!

Weiber.

Gott im Himmel!

Tell (zum Landvogt)

Erlasset[1] mir den Schuß. Hier ist mein Herz!
(Er reißt die Brust auf.)
Ruft Eure Reisigen und stoßt mich nieder!

Geßler.

Ich will dein Leben nicht, ich will den Schuß.
— Du kannst ja Alles, Tell! An nichts verzagst du;
Das Steuerruder führst du wie den Bogen;
Dich schreckt kein Sturm, wenn es zu retten gilt;
Jetzt, Retter, hilf dir selbst — du rettest Alle!

(Tell steht in fürchterlichem Kampf, mit den Händen zuckend[2] und die rollenden Augen bald auf den Landvogt, bald zum Himmel gerichtet. — Plötzlich greift er in seinen Köcher, nimmt einen zweiten Pfeil heraus und steckt ihn in seinen Koller.[3] Der Landvogt bemerkt alle diese Bewegungen.)

Walther Tell (unter der Linde).

Vater, schieß' zu! Ich fürcht' mich nicht.

---

[1] Erlassen, to exempt from; [2] zucken, to move convulsively; [3] Koller, belt, doublet.

Tell.

Es muß!

(Er rafft sich zusammen[1] und legt an.)

Rudenz

(der die ganze Zeit über in der heftigsten Spannung gestanden und mit Gewalt an sich gehalten, tritt hervor).

Herr Landvogt, weiter werdet Ihr's nicht treiben,
Ihr werdet nicht — Es war nur eine Prüfung —
Den Zweck habt Ihr erreicht — Zu weit getrieben
Verfehlt die Strenge ihres weisen Zwecks,
Und, allzustraff gespannt,[2] zerspringt der Bogen.

Geßler.

Ihr schweigt, bis man Euch aufruft.

Rudenz.

Ich will reden!
Ich darf's! Des Königs Ehre ist mir heilig;
Doch solches Regiment muß Haß erwerben.
Das ist des Königs Wille nicht — ich darf's
Behaupten — Solche Grausamkeit verdient
Mein Volk nicht; dazu habt Ihr keine Vollmacht.

Geßler.

Ha, Ihr erkühnt Euch!

Rudenz.

Ich hab' still geschwiegen
Zu allen schweren Thaten, die ich sah;
Mein sehend Auge hab' ich zugeschlossen,
Mein überschwellend und empörtes Herz
Hab' ich hinabgedrückt in meinen Busen.
Doch länger schweigen wär' Verrath zugleich
An meinem Vaterland und an dem Kaiser.

---

[1] Sich zusammen raffen, to arouse one's self; [2] allzustraff gespannt, too much bent.

Bertha

(wirft sich zwischen ihn und den Landvogt)

O Gott, Ihr reizt den Wüthenden noch mehr.

Rudenz.

Mein Volk verließ ich, meinen Blutsverwandten
Entsagt' ich, alle Bande der Natur
Zerriß ich, um an Euch mich anzuschließen —
Das Beste[1] Aller glaubt' ich zu befördern,
Da ich des Kiasers Macht befestigte —
Die Binde fällt von meinen Augen — Schaudernd
Seh' ich an einen Abgrund mich geführt —
Mein freies Urtheil habt Ihr irr' geleitet,
Mein redlich Herz verführt — Ich war daran,[2]
Mein Volk in bester Meinung[3] zu verderben.

Geßler.

Verwegner, diese Sprache deinem Herrn?

Rudenz.

Der Kaiser ist mein Herr, nicht Ihr — Frei bin ich
Wie Ihr geboren, und ich messe mich
Mit Euch in jeder ritterlichen Tugend.
Und, ständet Ihr nicht hier in Kaisers Namen,
Den ich verehre, selbst, wo man ihn schändet,
Den Handschuh[4] wärf' ich vor Euch hin, Ihr solltet
Nach ritterlichem Brauch[5] mir Antwort geben.
— Ja, winkt nur Euren Reisigen — Ich stehe
Nicht wehrlos da, wie Die[6] —

(Auf das Volk zeigend.)

Ich hab' ein Schwert,
Und, wer mir naht —

---

[1]The welfare; [2]daran, on the point; [3]in bester Meinung, with the best intention; [4]gauntlet; [5]nach ritterlichem Brauch, according to knightly usage; [6]those.

Stauffacher (ruft).

Der Apfel ist gefallen!

(Indem sich Alle nach dieser Seite gewendet, und Bertha zwischen Rudenz und den Landvogt sich geworfen, hat Tell den Pfeil abgedrückt.)

Rösselmann.

Der Knabe lebt!

Viele Stimmen.

Der Apfel ist getroffen!

(Walther Fürst schwankt und droht zu sinken, Bertha hält ihn.)

Geßler (erstaunt).

Er hat geschossen? Wie? Der Rasende!

Bertha.

Der Knabe lebt! Kommt zu Euch, guter Vater!

Walther Tell

(kommt mit dem Apfel gesprungen).

Vater, hier ist der Apfel — Wußt' ich's ja,
Du würdest deinen Knaben nicht verletzen.

Tell

(stand mit vorgebogenem Leib, als wollt' er dem Pfeile folgen — die Armbrust entsinkt seiner Hand — wie er den Knaben kommen sieht, eilt er ihm mit ausgebreiteten Armen entgegen und hebt ihn mit heftiger Inbrunst zu seinem Herzen hinauf; in dieser Stellung sinkt er kraftlos zusammen. Alle stehen gerührt).

Bertha

O güt'ger Himmel!

Walther Fürst (zu Vater und Sohn).

Kinder! meine Kinder!

Stauffacher.

Gott sei Gelobt!

Leuthold.

Das war ein Schuß! Davon
Wird man noch reden in den spätsten Zeiten.

Rudolph der Harras.

Erzählen wird man von dem Schützen Tell,
So lang die Berge stehn auf ihrem Grunde.

(Reicht dem Landvogt den Apfel.)

Geßler.

Bei Gott, der Apfel mitten durch geschossen!
Es war ein Meisterschuß, ich muß ihn loben.

Rösselmann.

Der Schuß war gut; doch wehe Dem, der ihn
Dazu getrieben, daß er Gott versuchte.[1]

Stauffacher.

Kommt zu Euch, Tell, steht auf. Ihr habt Euch männlich
Gelöst, und frei könnt Ihr nach Hause gehen.

Rösselmann.

Kommt, kommt und bringt der Mutter ihren Sohn!

(Sie wollen ihn wegführen.)

Geßler.

Tell, höre!

Tell (kommt zurück).

Was befehlt Ihr, Herr?

Geßler.

Du steckest
Noch einen zweiten Pfeil zu dir — Ja, ja,
Ich sah es wohl — Was meintest du damit?

Tell (verlegen).

Herr, das ist also bräuchlich[2] bei den Schützen.

Geßler.

Nein, Tell, die Antwort lass' ich dir nicht gelten;
Es wird was Andres wohl bedeutet haben.
Sag' mir die Wahrheit frisch und fröhlich, Tell!
Was es auch sei, dein Leben sichr' ich dir.
Wozu der zweite Pfeil?

Tell.

Wohlan, o Herr,
Weil Ihr mich meines Lebens habt gesichert —
So will ich Euch die Wahrheit gründlich sagen.

---

[1] Versuchen, to tempt; [2] customary; [3] gelten lassen, to let pass.

(Er zieht den Pfeil aus dem Koller und sieht den Landvogt mit einem furchtbaren Blick an.)

Mit diesem zweiten Pfeil durchschoß ich — Euch,
Wenn ich mein liebes Kind getroffen hätte,
Und Euer — wahrlich, hätt' ich nicht gefehlt.

Geßler.

Wohl, Tell! Des Lebens hab' ich dich gesichert;
Ich gab mein Ritterwort, das will ich halten —
Doch, weil ich deinen bösen Sinn erkannt,
Will ich dich führen lassen und verwahren,
Wo weder Mond noch Sonne dich bescheint,
Damit ich sicher sei vor deinen Pfeilen.
Ergreift ihn, Knechte! Bindet ihn!

(Tell wird gebunden.)

Stauffacher.

Wie, Herr!
So könntet Ihr an einem Manne handeln,
An dem sich Gottes Hand sichtbar verkündigt?[1]

Geßler.

Laß sehn, ob sie ihn zweimal retten wird.
— Man bring' ihn auf mein Schiff! Ich folge nach
Sogleich, ich selbst will ihn nach Küßnacht führen.

Rösselmann.

Das dürft Ihr nicht, das darf der Kaiser nicht,
Das widerstreitet unsern Freiheitsbriefen![2]

Geßler.

Wo sind sie? Hat der Kaiser sie bestätigt?
Er hat sie nicht bestätigt — Diese Gunst
Muß erst erworben werden durch Gehorsam.
Rebellen seid ihr Alle gegen Kaisers
Gericht und nährt[3] verwegene Empörung.

---

[1] To show, to reveal; [2] das widerstreitet unsern Freiheitsbriefen, that is against our charter; [3] nähren, to foster.

Ich kenn' euch Alle — ich durchschau' euch ganz —
Den nehm' ich jetzt heraus aus eurer Mitte;
Doch Alle seid ihr theilhaft seiner Schuld.
Wer klug ist, lerne schweigen und gehorchen!

(Er entfernt sich, Bertha, Rudenz, Harras und Knechte folgen, Frießhardt und Leuthold bleiben zurück.)

Walther Fürst (in heftigem Schmerz).

Es ist vorbei; er hat's beschlossen, mich
Mit meinem ganzen Hause zu verderben!

Stauffacher (zu Tell).

O, warum mußtet Ihr den Wüthrich reizen!

Tell.

Bezwinge sich, wer meinen Schmerz gefühlt!

Stauffacher.

O, nun ist Alles, Alles hin! Mit Euch
Sind wir gefesselt Alle und gebunden!

Landleute (umringen den Tell).

Mit Euch geht unser letzter Trost dahin!

Leuthold (nähert sich).

Tell, es erbarmt mich — Doch ich muß gehorchen.

Tell.

Lebt wohl!

Walther Tell

(sich mit heftigem Schmerz an ihn schmiegend[1]).

O Vater! Vater! lieber Vater!

Tell

(hebt die Arme zum Himmel).

Dort droben ist dein Vater den ruf' an!

Stauffacher.

Tell, sag' ich Eurem Weibe nichts von Euch?

Tell

(hebt den Knaben mit Inbrunst an seine Brust).

Der Knab' ist unverletzt; mir wird Gott helfen.

(Reißt sich schnell los und folgt den Waffenknechten.)

---

[1] Sich an ihn schmiegen, clinging to him.

Vierter Aufzug.

Erste Scene.

Oestliches Ufer des Vierwaldstädtersees.[1]

Die seltsam gestalteten schroffen Felsen im Westen schließen den Prospekt. Der See ist bewegt, heftiges Rauschen und Tosen, dazwischen Blitze und Donnerschläge.

Kunz von Gersau. Fischer und Fischerknabe.

Kunz.

Ich sah's mit Augen an, Ihr könnt mir's glauben;
's ist Alles so geschehn, wie ich Euch sagte.

Fischer.

Der Tell gefangen abgeführt nach Küßnacht,
Der beste Mann im Land, der bravste Arm,
Wenn's einmal gelten sollte für die Freiheit.

Kunz.

Der Landvogt führt ihn selbst den See herauf;
Sie waren eben dran, sich einzuschiffen,
Als ich von Fluelen[2] abfuhr; doch der Sturm,
Der eben jetzt im Anzug ist, und der
Auch mich gezwungen, eilends hier zu landen,
Mag ihre Abfahrt wohl verhindert haben.

Fischer.

Der Tell in Fesseln, in des Vogts Gewalt;
O, glaubt, er wird ihn tief genug vergraben,

[1] Lake of Lucern; [2] P. N

Daß er des Tages Licht nicht wieder sieht!
Denn fürchten muß er die gerechte Rache
Des freien Mannes, den er schwer gereizt!

Kunz.

Der Altlandammann auch, der edle Herr
Von Attinghausen, sagt man, lieg' am Tode.[1]

Fischer.

So bricht der letzte Anker unsrer Hoffnung!
Der war es noch allein, der seine Stimme
Erheben durfte für des Volkes Rechte!

Kunz.

Der Sturm nimmt überhand.[2] Gehabt Euch wohl!
Ich nehme Herberg' in dem Dorf; denn heut'
Ist doch an keine Abfahrt mehr zu denken.

(Geht ab.)

Fischer.

Der Tell gefangen, und der Freiherr todt!
Erheb' die freche Stirne Tyrannei,
Wirf alle Scham hinweg! Der Mund der Wahrheit
Ist stumm, das seh'nde Auge ist geblendet,
Der Arm, der retten sollte, ist gefesselt!

Knabe.

Es hagelt schwer. Kommt in die Hütte, Vater,
Es ist nicht kommlich,[3] hier im Freien hausen.

Fischer.

Raset, ihr Winde! Flammt herab, ihr Blitze!
Ihr Wolken berstet! Gießt herunter, Ströme
Des Himmels, und ersäuft das Land! Zerstört
Im Keim die ungeborenen Geschlechter!
Ihr wilden Elemente, werdet Herr!
Ihr Bären, kommt, ihr alten Wölfe wieder

[1] Am Tode liegen, to be at the point of death; [2] überhand nehmen, to get the upper hand, to increase; [3] kommlich, Prov. comfortable.

Der großen Wüste! euch gehört das Land.
Wer wird hier leben wollen ohne Freiheit!

Knabe.

Hört, wie der Abgrund tost, der Wirbel[1] brüllt,
So hat's noch nie gerast in diesem Schlunde![2]

Fischer.

Zu zielen auf des eignen Kindes Haupt,
Solches ward keinem Vater noch geboten!
Und die Natur soll nicht in wildem Grimm
Sich drob empören — O, mich soll's nicht wundern,
Wenn sich die Felsen bücken in den See,
Wenn jene Zacken,[3] jene Eisesthürme,
Die nie aufthauten seit dem Schöpfungstag,
Von ihren hohen Kulmen niederschmelzen,
Wenn die Berge brechen, wenn die alten Klüfte
Einstürzen, eine zweite Sündfluth alle
Wohnstätten der Lebendigen verschlingt!

(Man hört läuten.)

Knabe.

Hört Ihr, sie läuten droben auf dem Berg.
Gewiß hat man ein Schiff in Noth gesehn
Und zieht die Glocke, daß gebetet werde.

(Steigt auf eine Anhöhe.)

Fischer.

Wehe dem Fahrzeug, das, jetzt unterwegs,
In dieser furchtbaren Wiege wird gewiegt!
Hier ist das Steuer unnütz und der Steurer,
Der Sturm ist Meister, Wind und Welle spielen
Ball mit dem Menschen — Da ist nah und fern
Kein Busen,[4] der ihm freundlich Schutz gewährte!

---

[1] Eddy; [2] jaws; [3] der Zacke, tooth, horn, cog; here means perhaps large icicle; Kulme, summit; [4] Busen, bay, port.

Handlos[1] und schroff[2] ansteigend starren ihm
Die Felsen, die unwirthlichen, entgegen
Und weisen ihm nur ihre steinern schroffe Brust.

Knabe (deutet links).

Vater, ein Schiff! es kommt von Flüelen her.

Fischer.

Gott helf' den armen Leuten! Wenn der Sturm
In dieser Wasserkluft sich erst verfangen,[3]
Dann rast er um sich mit des Raubthiers Angst,
Das an des Gitters Eisenstäbe schlägt!
Die Pforte sucht er heulend sich vergebens;
Denn ringsum schränken ihn die Felsen ein,
Die himmelhoch den engen Paß vermauern.

(Er steigt auf eine Anhöhe.)

Knabe.

Es ist das Herrenschiff von Uri, Vater,
Ich kenn's am rothen Dach und an der Fahne.

Fischer.

Gerichte[4] Gottes! Ja, er ist es selbst,
Der Landvogt, der da fährt — Dort schifft er hin
Und führt im Schiffe sein Verbrechen mit!
Schnell hat der Arm des Rächers ihn gefunden;
Jetzt kennt er über sich den stärkern Herrn.
Diese Wellen geben nicht auf seine Stimme;[5]
Diese Felsen bücken ihre Häupter nicht
Vor seinem Hute — Knabe, bete nicht!
Greif' nicht dem Richter in den Arm![6]

---

[1] Handlos, where there is no ledge, upon which to put a hand; [2] abrupt; [3] Wenn der Sturm sich erst verfangen, (hat *understood*) when the storm has once got into...; [4] judgments; [5] geben nicht auf seine Stimme, (Acht *understood*) do not mind his voice; [6] den Richter in den Arm greifen, to arrest the arm of the judge.

Knabe.

Ich bete für den Landvogt nicht — Ich bete
Für den Tell, der auf dem Schiff sich mit befindet.

Fischer.

O Unvernunft[1] des blinden Elements!
Mußt du, um einen Schuldigen zu treffen,
Das Schiff mit sammt dem Steuermann verderben!

Knabe.

Sieh', sieh', sie waren glücklich schon vorbei
Am Buggisgrat;[2] doch die Gewalt des Sturms,
Der von dem Teufelsmünster[3] widerprallt,
Wirft sie zum großen Arenberg[4] zurück.
— Ich seh' sie nicht mehr.

Fischer.

Dort ist das Hackmesser,[5]
Wo schon der Schiffe mehrere gebrochen.
Wenn sie nicht weislich dort vorüberlenken,
So wird das Schiff zerschmettert an der Fluh,[6]
Die sich gähstrotzig absenkt[7] in die Tiefe.
— Sie haben einen guten Steuermann
Am Bord; könnt' Einer retten, wär's der Tell;
Doch dem sind Arm' und Hände ja gefesselt

Wilhelm Tell mit der Armbrust.

(Er kommt mit raschen Schritten, blickt erstaunt umher und zeigt die heftigste Bewegung. Wenn er mitten auf der Scene ist, wirft er sich nieder, die Hände zu der Erde und dann zum Himmel ausbreitend.)

Knabe (bemerkt ihn).

Sieh', Vater, wer der Mann ist, der dort kniet?

Fischer.

Er faßt die Erde an mit seinen Händen
Und scheint wie außer sich zu sein.

[1] Irrationality, want of reason; [2], [3], [4], [5] names of rocks: [6] die Fluh, *Prov.* rock; [7] die sich . . ., which comes down perpendicularly, steep.

Knabe (kommt vorwärts).

Was seh' ich! Vater! Vater, kommt und seht!

Fischer (nähert sich).

Wer ist es? — Gott im Himmel! Was? der Tell?
Wie kommt Ihr hieher! Redet?

Knabe.

Wart Ihr nicht
Dort auf dem Schiff gefangen und gebunden?

Fischer.

Ihr wurdet nicht nach Küßnacht abgeführt?

Tell (steht auf).

Ich bin befreit.

Fischer und Knabe.

Befreit! O Wunder Gottes!

Knabe.

Wo kommt Ihr her?

Tell.

Dort aus dem Schiffe.

Fischer.

Was?

Knabe (zugleich).

Wo ist der Landvogt?

Tell.

Auf den Wellen treibt er.

Fischer.

Ist's möglich? Aber Ihr? wie seid Ihr hier?
Seid Euren Banden und dem Sturm entkommen?

Tell.

Durch Gottes gnäd'ge Fürsehung — Hört an!

Fischer und Knabe.

O, redet, redet!

Tell.

Was in Altdorf sich
Begeben, wißt Ihr's?

Fischer.

Alles weiß ich, redet!

Tell.

Daß mich der Landvogt fahen[1] ließ und binden,
Nach seiner Burg zu Küßnacht wollte führen.

Fischer.

Und sich mit Euch zu Flüelen eingeschifft,
Wir wissen Alles. Sprecht, wie Ihr entkommen?

Tell.

Ich lag im Schiff, mit Stricken fest gebunden,
Wehrlos, ein aufgegebner Mann — Nicht hofft' ich,
Das frohe Licht der Sonne mehr zu sehn,
Der Gattin und der Kinder liebes Antlitz,
Und trostlos blickt' ich in die Wasserwüste[2] —

Fischer.

O armer Mann!

Tell.

So fuhren wir dahin,
Der Vogt, Rudolph der Harras und die Knechte.
Mein Köcher aber mit der Armbrust lag
Am hintern Gransen[3] bei dem Steuerruder.
Und, als wir an die Ecke jetzt gelangt
Beim kleinen Axen, da verhängt' es Gott,
Daß solch ein grausam mörbrisch Ungewitter
Gählings[4] herfürbrach aus des Gotthardts Schlünden
Daß allen Ruderern das Herz entsank,
Und meinten Alle, elend zu ertrinken.
Da hört' ich's, wie der Diener einer sich
Zum Landvogt wendet' und die Worte sprach:
Ihr sehet Eure Noth und unsre, Herr,
Und daß wir All' am Rand des Todes schweben —
Die Steuerleute aber wissen sich

[1] Fahen lassen, to have one taken prisoner; [2] the waste of waters; [3] der hintere Gransen, *Prov.* the stern; [4] suddenly.

Vor großer Furcht nicht Rath und sind des Fahrens
Nicht wohl berichtet[1] — Nun aber ist der Tell
Ein starker Mann und weiß ein Schiff zu steuern.
Wie, wenn wir sein jetzt brauchten in der Noth?
Da sprach der Vogt zu mir: Tell, wenn du dir's
Getrautest,[2] uns zu helfen aus dem Sturm,
So möcht' ich dich der Bande wohl entled'gen.
Ich aber sprach: Ja, Herr, mit Gottes Hülfe
Getrau' ich mir's und helf' uns wohl hiedannen.[3]
So ward ich meiner Bande los und stand
Am Steuerruder und fuhr redlich hin;
Doch schielt' ich seitwärts, wo mein Schießzeug[4] lag,
Und an dem Ufer merkt' ich scharf umher,
Wo sich ein Vortheil aufthät' zum Entspringen.
Und, wie ich eines Felsenriffs gewahre,
Das abgeplattet vorsprang in den See —

Fischer.

Ich kenn's, es ist am Fuß des großen Axen,
Doch nicht für möglich acht' ich's — so gar steil
Geht's an — vom Schiff es springend abzureichen —

Tell.

Schrie ich den Knechten, handlich zuzugehn,[5]
Bis daß wir vor die Felsenplatte kämen,
Dort, rief ich, sei das Aergste überstanden —
Und, als wir sie frischrudernd bald erreicht,
Fleh' ich die Gnade Gottes an und drücke,
Mit allen Leibeskräften angestemmt,
Den hintern Gransen an die Felswand hin.
Jetzt, schnell mein Schießzeug fassend, schwing' ich selbst
Hochspringend auf die Platte mich hinauf,

---

[1] Sind des Fahrens nicht wohl berichtet, are not well acquainted with the course; [2] wenn du dir's getrautest, if you would dare; [3] hiedannen, hence, out of it; [4] shooting-gear; [5] handlich zuzugehen, to bear a hand.

Und mit gewalt'gem Fußstoß hinter mich
Schleudr' ich das Schifflein in den Schlund der Wasser —
Dort ma'gs, wie Gott will, auf den Wellen treiben!
So bin ich hier, gerettet aus des Sturms
Gewalt und aus der schlimmeren der Menschen.

Fischer.

Tell, Tell! ein sichtbar Wunder hat der Herr
An Euch gethan; kaum glaub' ich's meinen Sinnen —
Doch, saget, wo gedenket Ihr jetzt hin?
Denn Sicherheit ist nicht für Euch, wofern
Der Landvogt lebend diesem Sturm entkommt.

Tell.

Ich hört' ihn sagen, da ich noch im Schiff
Gebunden lag, er wollt' bei Brunnen[1] landen
Und über Schwytz nach seiner Burg mich führen.

Fischer.

Will er den Weg dahin zu Lande nehmen?

Tell.

Er denkt's.

Fischer.

O, so verbergt Euch ohne Säumen!
Nicht zweimal hilft Euch Gott aus seiner Hand.

Tell.

Nennt mir den nächsten Weg nach Arth[2] und Küßnacht.[3]

Fischer.

Die offne Straße zieht sich über Steinen;[4]
Doch einen kürzern Weg und heimlichern
Kann Euch mein Knabe über Lowerz[5] führen.

Tell (gibt ihm die Hand).

Gott lohn' Euch Eure Gutthat. Lebet wohl.

(Geht und kehrt wieder um.)

— Habt Ihr nicht auch im Rütli mitgeschworen?
Mich däucht, man nannt' Euch mir —

---

[1] P. N., name of a place; [2], [3], [4], [5] names of places.

Fischer.

Ich war dabei
Und hab' den Eid des Bundes mit beschworen.

Tell.

So eilt nach Bürglen,[1] thut die Lieb' mir an!
Mein Weib verzagt um mich; verkündet ihr,
Daß ich gerettet sei und wohl geborgen.

Fischer.

Doch wohin sag' ich ihr, daß Ihr geflohn?

Tell.

Ihr werdet meinen Schwäher[2] bei ihr finden
Und Andre, die im Rütli mit geschworen —
Sie sollen wacker sein und gutes Muths;
Der Tell sei frei und seines Armes mächtig;
Bald werden sie ein Weitres von mir hören.

Fischer.

Was habt Ihr im Gemüth? Entdeckt mir's frei!

Tell.

Ist es gethan, wird's auch zur Rede kommen.

(Geht ab.)

Fischer.

Zeig' ihm den Weg, Jenni — Gott steh' ihm bei!
Er führt's zum Ziel,[3] was er auch unternommen.

(Geht ab.)

Zweite Scene.

Edelhof zu Attinghausen.

Der Freiherr, in einem Armsessel, sterbend. **Walther Fürst, Stauffacher, Melchthal** und **Baumgarten** um ihn beschäftigt. **Walther Tell,** knieend vor dem Sterbenden.

Walther Fürst.

Es ist vorbei mit ihm, er ist hinüber.[4]

---

[1] P. N., name of a place; [2] Schwäher, father-in-law; [3] zum Ziele führen, to execute; [4] gone, dead.

Stauffacher.

Er liegt nicht, wie ein Todter — Seht, die Feder
Auf seinen Lippen regt sich! Ruhig ist
Sein Schlaf, und friedlich lächeln seine Züge.

(Baumgarten geht an die Thür' und spricht mit Jemand.)

Walther Fürst (zu Baumgarten).

Wer ist's?

Baumgarten (kommt zurück).

Es ist Frau Hedwig, Eure Tochter;
Sie will Euch sprechen, will den Knaben sehn.

(Walther Tell richtet sich auf.)

Walther Fürst.

Kann ich sie trösten? Hab' ich selber Trost?
Häuft alles Leiden sich auf meinem Haupt?

Hedwig (hereinbringend).

Wo ist mein Kind? Laßt mich, ich muß es sehn —

Stauffacher.

Faßt Euch! Bedenkt, daß Ihr im Haus des Todes —

Hedwig (stürzt auf den Knaben).

Mein Wälty! O, er lebt mir!

Walther Tell (hängt an ihr).

Arme Mutter!

Hedwig.

Ist's auch gewiß? Bist du mir unverletzt?

(Betrachtet ihn mit ängstlicher Sorgfalt.)

Und es ist möglich? Konnt' er auf dich zielen?
Wie konnt' er's? O, er hat kein Herz — Er konnte
Den Pfeil abdrücken auf sein eignes Kind!

Walther Fürst.

Er that's mit Angst, mit schmerzzerriss'ner Seele;
Gezwungen that er's, denn es galt das Leben.

Hedwig.

O, hätt' er eines Vaters Herz, eh' er's
Gethan, er wäre tausendmal gestorben!

Stauffacher.

Ihr solltet Gottes gnäd'ge Schickung preisen,
Die es so gut gelenkt —

Hedwig.

Kann ich vergessen,
Wie's hätte kommen können — Gott des Himmels!
Und, lebt' ich achtzig Jahr — ich seh' den Knaben ewig
Gebunden stehn, den Vater auf ihn zielen,
Und ewig fliegt der Pfeil mir in das Herz.

Melchthal.

Frau, wüßtet Ihr, wie ihn der Vogt gereizt!

Hedwig.

O rohes Herz der Männer! Wenn ihr Stolz
Beleidigt wird, dann achten sie nichts mehr;
Sie setzen [1] in der blinden Wuth des Spiels
Das Haupt des Kindes und das Herz der Mutter!

Baumgarten.

Ist Eures Mannes Los nicht hart genug,
Daß Ihr mit schwerem Tadel ihn noch kränkt?
Für seine Leiden habt Ihr kein Gefühl?

Hedwig

(kehrt sich nach ihm um und sieht ihn mit einem großen Blick an [2]).

Hast du nur Thränen für des Freundes Unglück?
— Wo waret ihr, da man den Trefflichen
In Bande schlug? Wo war da eure Hülfe?
Ihr sahet zu, ihr ließt das Gräßliche geschehn;
Geduldig littet ihr's, daß man den Freund
Aus eurer Mitte führte — Hat der Tell
Auch so an euch gehandelt? Stand er auch
Bedauernd da, als hinter dir die Reiter
Des Landvogts drangen, als der wüth'ge See

[1] To stake; [2] sieht ihn mit einem großen Blicke an, looks down upon him.

Vor dir erbrauste? Nicht mit müß'gen Thränen
Beklagt' er dich, in den Nachen sprang er, Weib
Und Kind vergaß er und befreite dich —

Walther Fürst.

Was konnten wir zu seiner Rettung wagen,
Die kleine Zahl, die unbewaffnet war!

Hedwig (wirft sich an seine Brust).

O Vater! Und auch du hast ihn verloren!
Das Land, wir Alle haben ihn verloren!
Uns allen fehlt er, ach, wir fehlen ihm!
Gott rette seine Seele vor Verzweiflung.
Zu ihm hinab ins öde Burgverließ[1]
Dringt keines Freundes Trost — Wenn er erkrankte!
Ach, in des Kerkers feuchter Finsterniß
Muß er erkranken — Wie die Alpenrose
Bleicht und verkümmert in der Sumpfesluft:
So ist für ihn kein Leben als im Licht
Der Sonne, in dem Balsamstrom der Lüfte.
Gefangen! Er! Sein Athem ist die Freiheit:
Er kann nicht leben in dem Hauch der Grüfte.

Stauffacher.

Beruhigt Euch! Wir Alle wollen handeln,
Um seinen Kerker aufzuthun.

Hedwig.

Was könnt ihr schaffen ohne ihn? — Solang
Der Tell noch frei war, ja, da war noch Hoffnung,
Da hatte noch die Unschuld einen Freund,
Da hatte einen Helfer der Verfolgte,
Euch Alle rettete der Tell — Ihr Alle
Zusammen könnt nicht seine Fesseln lösen?

(Der Freiherr erwacht.)

[1] Keep or dungeon of a castle.

Baumgarten.

Er regt sich, still!

Attinghausen (sich aufrichtend).

Wo ist er?

Stauffacher.

Wer?

Attinghausen.

Er fehlt mir,
Verläßt mich in dem letzten Augenblick!

Stauffacher.

Er meint den Junker — Schickte man nach ihm?

Walther Fürst.

Es ist nach ihm gesendet — Tröstet Euch!
Er hat sein Herz gefunden, er ist unser.

Attinghausen.

Hat er gesprochen für sein Vaterland?

Stauffacher.

Mit Heldenkühnheit.

Attinghausen.

Warum kommt er nicht,
Um meinen letzten Segen zu empfangen?
Ich fühle, daß es schleunig mit mir endet.

Stauffacher.

Nicht also, edler Herr! Der kurze Schlaf
Hat Euch erquickt, und hell ist Euer Blick.

Attinghausen.

Der Schmerz ist Leben, er verließ mich auch.
Das Leiden ist, so wie die Hoffnung, aus.[1]

(Er bemerkt den Knaben.)

Wer ist der Knabe?

---

[1] Ist aus, is ended.

Walther Fürst.

Segnet ihn, o Herr!

Er ist mein Enkel und ist vaterlos.

(Hedwig sinkt mit dem Knaben vor dem Sterbenden nieder

Attinghausen.

Und vaterlos lass' ich euch Alle, Alle
Zurück — Weh' mir, daß meine letzten Blicke
Den Untergang des Vaterlands gesehn!
Mußt' ich des Lebens höchstes Maß erreichen,
Um ganz mit allen Hoffnungen zu sterben!

Stauffacher (zu Walther Fürst).

Soll er in diesem finstern Kummer scheiden?
Erhellen [1] wir ihm nicht die letzte Stunde
Mit schönem Strahl der Hoffnung? — Edler Freiherr!
Erhebet Euren Geist! Wir sind nicht ganz
Verlassen, sind nicht rettungslos verloren.

Attinghausen.

Wer soll euch retten?

Walther Fürst.

Wir uns selbst. Vernehmt!

Es haben die drei Lande sich das Wort
Gegeben, die Tyrannen zu verjagen.
Geschlossen ist der Bund; ein heil'ger Schwur
Verbindet uns. Es wird gehandelt werden,
Eh' noch das Jahr den neuen Kreis beginnt.[2]
Euer Staub wird ruhn in einem freien Lande.

Attinghausen.

O, saget mir! Geschlossen ist der Bund?

Melchthal.

Am gleichen Tage werden alle drei
Waldstätte sich erheben. Alles ist
Bereit, und das Geheimniß wohlbewahrt

---

[1] Erhellen, to cheer, light; [2] before the new Year begins.

Bis jetzt, obgleich viel Hunderte es theilen.
Hohl ist der Boden unter den Tyrannen;
Die Tage ihrer Herrschaft sind gezählt,
Und bald ist ihre Spur nicht mehr zu finden.

Attinghausen.

Die festen Burgen aber in den Landen?

Melchthal.

Sie fallen alle an dem gleichen Tag.

Attinghausen.

Und sind die Edeln dieses Bundes theilhaftig?[1]

Stauffacher.

Wir harren ihres Beistands, wenn es gilt;
Jetzt aber hat der Landmann nur geschworen.

Attinghausen

(richtet sich langsam in die Höhe, mit großem Erstaunen).

Hat sich der Landmann solcher That verwogen,[2]
Aus eignem Mittel ohne Hülf' der Edeln,
Hat er der eignen Kraft[3] so viel vertraut —
Ja, dann bedarf es unserer nicht mehr:
Getröstet können wir zu Grabe steigen,
Es lebt nach uns — durch andre Kräfte will
Das Herrliche der Menschheit[4] sich erhalten.

(Er legt seine Hand auf das Haupt des Kindes, das vor ihm auf den Knieen liegt.)

Aus diesem Haupte, wo der Apfel lag,
Wird euch die neue, bess're Freiheit grünen;
Das Alte[5] stürzt, es ändert sich die Zeit,
Und neues Leben blüht aus den Ruinen.

Stauffacher (zu Walther Fürst).

Seht, welcher Glanz sich um sein Aug' ergießt!

---

[1] Theilhaftig sein, to participate in; [2] sich verwegen, to dare; [3] means, powers; [4] das Herrliche der Menschheit, what there is glorious in man; [5] das Alte, what is ancient.

Das ist nicht das Erlöschen[1] der Natur,
Das ist der Strahl schon eines neuen Lebens.

Attinghausen.

Der Adel[2] steigt von seinen alten Burgen
Und schwört den Städten seinen Bürgereid;
Im Uechtland[3] schon, im Thurgau[4] hat's begonnen;
Die edle Bern[5] erhebt ihr herrschend Haupt;
Freiburg ist eine sichre Burg der Freien;
Die rege Zürich waffnet ihre Zünfte[6]
Zum kriegerischen Heer — es bricht die Macht
Der Könige sich an ihren ew'gen Wällen[7]

(Er spricht das Folgende mit dem Ton eines Sehers[8] — seine Rede steigt bis zur Begeisterung.)

Die Fürsten seh' ich und die edeln Herrn
In Harnischen herangezogen kommen,
Ein harmlos Volk von Hirten zu bekriegen.
Auf Tod und Leben wird gekämpft, und herrlich[9]
Wird mancher Paß durch blutige Entscheidung.
Der Landmann stürzt sich mit der nackten Brust,
Ein freies Opfer, in die Schaar der Lanzen!
Er bricht sie, und des Adels Blüthe[10] fällt,
Es hebt die Freiheit siegend ihre Fahne.

Sempach 9 July 1386.

(Walther Fürst's und Stauffacher's Hände fassend.)

Drum haltet fest zusammen — fest und ewig —
Kein Ort der Freiheit sei dem andern fremd —
Hochwachten stellet aus[11] auf euren Bergen,
Daß sich der Bund zum Bunde rasch versammle[12]
Seid einig — einig — einig —

(Er fällt in das Kissen zurück — seine Hände halten entseelt noch die Andern gefaßt. Fürst und Stauffacher betrachten ihn noch eine Zeitlang schweigend; dann treten sie hinweg. Jeder seinem Schmerz

---

[1] The expiring; [2] the nobility; [3], [4] P. N., names of towns; [5] die edle Bern, the noble town of Bern; [6] gilds; [7] walls, ramparts; [8] prophet; [9] glorious, famous; [10] the flower of chivalry; [11] Hochwachten stellet aus, make signals, beacons; [12] that league may join league.

überlassen. Unterdessen sind die Knechte still hereingedrungen, sie nähern sich mit Zeichen eines stillern oder heftigern Schmerzens, einige knien bei ihm nieder und weinen auf seine Hand; während dieser stummen Scene wird die Burgglocke geläutet.)

Rudenz zu den **Vorigen.**

Rudenz (rasch eintretend

Lebt er? O, saget, kann er mich noch hören?

Walther Fürst

(deutet hin mit weggewandtem Gesicht).

Ihr seid jetzt unser Lehensherr[1] und Schirmer,
Und dieses Schloß hat einen andern Namen.

Rudenz

(erblickt den Leichnam und steht von heftigem Schmerz ergriffen).

O güt'ger Gott! — Kommt meine Reu' zu spät?
Konnt' er nicht wen'ge Pulse länger leben,
Um mein geändert Herz zu sehn?
Verachtet hab' ich seine treue Stimme,
Da er noch wandelte im Licht — er ist
Dahin, ist fort auf immerdar und läßt mir
Die schwere, unbezahlte Schuld! — O, saget!
Schied er dahin in Unmuth gegen mich?

Stauffacher.

Er hörte sterbend noch, was Ihr gethan,
Und segnete den Muth, mit dem Ihr spracht!

Rudenz (kniet an dem Todten nieder).

Ja, heil'ge Reste eines theuren Mannes!
Entseelter[2] Leichnam! hier gelob' ich dir's
In deine kalte Todtenhand — zerrissen
Hab' ich auf ewig alle fremde Bande;
Zurückgegeben bin ich meinem Volk;
Ein Schweizer bin ich, und ich will es sein
Von ganzer Seele — —

[1] Feudal lord, liege lord; [2] inanimate.

(Aufstehend.)

Trauert um den Freund,
Den Vater Aller, doch verzaget nicht!
Nicht bloß sein Erbe ist mir zugefallen;
Es steigt sein Herz, sein Geist auf mich herab,
Und leisten[1] soll euch meine frische Jugend,
Was euch sein greises Alter schuldig blieb.
— Ehrwürd'ger Vater, gebt mir Eure Hand!
Gebt mir die Eurige! Melchthal, auch Ihr!
Bedenkt Euch nicht! O, wendet Euch nicht weg.
Empfanget meinen Schwur und mein Gelübde.

Walther Fürst.

Gebt ihm die Hand. Sein wiederkehrend Herz
Verdient Vertraun.

Melchthal.

Ihr habt den Landmann nichts geachtet.
Sprecht, wessen soll man sich zu Euch versehn?[2]

Rudenz.

O, denket nicht des Irrthums meiner Jugend!

Stauffacher (zu Melchthal).

Seid einig, war das letzte Wort des Vaters.
Gedenket dessen!

Melchthal.

Hier ist meine Hand!
Des Bauern Handschlag, edler Herr, ist auch
Ein Manneswort! Was ist der Ritter ohne uns?
Und unser Stand ist älter, als der eure.

Rudenz.

Ich ehr' ihn, und mein Schwert soll ihn beschützen.

Melchthal.

Der Arm, Herr Freiherr, der die harte Erde

---

[1] To do; [2] wessen soll man sich zu Euch versehen, what shall we expect from you.

Sich unterwirft und ihren Schoß befruchtet,
Kann auch des Mannes Brust beschützen.

Rudenz.

Ihr
Sollt *meine* Brust, ich will die *eure* schützen,
So sind wir Einer durch den Andern stark.
— Doch wozu reden, da das Vaterland
Ein Raub noch ist der fremden Tyrannei?
Wenn erst der Boden rein ist von dem Feind,
Dann wollen wir's in Frieden schon vergleichen.
(Nachdem er einen Augenblick inne gehalten.)
Ihr schweigt? Ihr habt mir nichts zu sagen? Wie?
Verdien' ich's noch nicht, daß ihr mir vertraut?
So muß ich wider euren Willen mich
In das Geheimniß eures Bundes drängen.
— Ihr habt getagt — geschworen auf dem Rütli
Ich weiß — weiß Alles, was ihr dort verhandelt,
Und, was mir nicht von euch vertrauet ward,
Ich hab's bewahrt gleichwie ein heilig Pfand.
Nie war ich meines Landes Feind, glaubt mir,
Und niemals hätt' ich gegen euch gehandelt.
— Doch übel thatet ihr, es zu verschieben,
Die Stunde dringt,[1] und rascher That bedarf's —
Der Tell ward schon das Opfer eures Säumens —

Stauffacher.

Das Christfest abzuwarten schwuren wir.

Rudenz.

Ich war nicht dort, ich hab nicht mitgeschworen.
Wartet ihr ab, ich handle.

Melchthal.

Was? Ihr wolltet —

---

[1] Die Stunde dringt, time presses.

Rudenz.

Des Landes Vätern zähl' ich mich jetzt bei,
Und meine erste Pflicht ist, euch zu schützen.

Walther Fürst.

Der Erde diesen theuren Staub zu geben,
Ist Eure nächste Pflicht und heiligste.

Rudenz.

Wenn wir das Land befreit, dann legen wir
Den frischen Kranz des Siegs ihm auf die Bahre.
— O Freund! eure Sache nicht allein,
Ich habe meine eigne auszufechten
Mit dem Tyrannen — Hört und wißt! Verschwunden
Ist meine Bertha, heimlich weggeraubt,
Mit kecker Frevelthat, aus unsrer Mitte!

Stauffacher.

Solcher Gewaltthat hätte der Tyrann
Wider die freie Edle sich verwogen?

Rudenz.

O meine Freunde! euch versprach ich Hülfe,
Und ich zuerst muß sie von euch erflehn.
Geraubt, entrissen ist mir die Geliebte.
Wer weiß, wo sie der Wüthende verbirgt,
Welcher Gewalt sie frevelnd sich erkühnen,[1]
Ihr Herz zu zwingen zum verhaßten Band!
Verlaßt mich nicht, o, helft mir sie erretten —
Sie liebt euch! o, sie hat's verdient um's Land,
Daß alle Arme sich für sie bewaffnen —

Walther Fürst.

Was wollt Ihr unternehmen?

Rudenz.

Weiß ich's? Ach!
In dieser Nacht, die ihr Geschick umhüllt,

[1] Sich erkühnen, to dare.

In dieses Zweifels ungeheurer Angst,
Wo ich nichts Festes zu erfassen weiß,[1]
Ist mir nur dieses in der Seele klar:
Unter den Trümmern der Tyrannenmacht
Allein kann sie hervorgegraben werden;
Die Vesten alle müssen wir bezwingen,
Ob wir vielleicht in ihren Kerker dringen.

Melchthal.

Kommt, führt uns an! wir folgen Euch. Warum
Bis Morgen sparen, was wir heut' vermögen?
Frei war der Tell, als wir im Rütli schwuren;
Das Ungeheure war noch nicht geschehen.
Es bringt die Zeit ein anderes Gesetz;
Wer ist so feig, der jetzt noch könnte zagen!

Rudenz (zu Stauffacher und Walther Fürst).

Indeß bewaffnet und zum Werk bereit
Erwartet ihr der Berge Feuerzeichen;
Denn, schneller als ein Botensegel[2] fliegt,
Soll euch die Botschaft unsers Siegs erreichen.
Und, seht ihr leuchten die willkommnen Flammen,
Dann auf die Feinde stürzt, wie Wetters Strahl,
Und brecht den Bau der Tyrannei zusammen.

(Geht ab.)

---

[1] Nichts Festes, nothing certain; [2] das Botensegel, the packet boat, a fast sailing boat.

Dritte Scene.

Die hohle Gasse[1] bei Küßnacht.

Man steigt von hinten zwischen Felsen herunter, und die Wanderer werden, ehe sie auf der Scene erscheinen, schon von der Höhe gesehen. Felsen umschließen die ganze Scene; auf einem der vordersten ist ein Vorsprung[2] mit Gesträuch bewachsen.

Tell tritt auf mit der Armbrust.

Durch diese hohle Gasse muß er kommen;
Es führt kein andrer Weg nach Küßnacht — Hier
Vollend' ich's — Die Gelegenheit ist günstig.
Dort der Hollunderstrauch verbirgt mich ihm;
Von dort herab kann ihn mein Pfeil erlangen;
Des Weges Enge wehret den Verfolgern.[3]
Mach' deine Rechnung mit dem Himmel, Vogt!
Fort mußt du, deine Uhr ist abgelaufen.[4]

Ich lebte still und harmlos — das Geschoß
War auf des Waldes Thiere nur gerichtet,
Meine Gedanken waren rein von Mord —
Du hast aus meinem Frieden mich heraus
Geschreckt; in gährend Drachengift hast du
Die Milch der frommen Denkart mir verwandelt;
Zum Ungeheuren hast du mich gewöhnt —
Wer sich des Kindes Haupt zum Ziele setzte,
Der kann auch treffen in das Herz des Feindes.

Die armen Kindlein, die unschuldigen,
Das treue Weib muß ich vor deiner Wuth
Beschützen, Landvogt! — Da, als ich den Bogenstrang
Anzog — als mir die Hand erzitterte —
Als du mit grausam teufelischer Lust

---

[1] Die hohle Gasse, the hollow-way; [2] a projection; [3] wehret den Verfolgern, prevents pursuit, (lit. the pursuers); [4] deine Uhr ist abgelaufen, thy sand is run.

Mich zwangst, auf's Haupt des Kindes anzulegen —
Als ich ohnmächtig flehend rang[1] vor dir;
Damals gelobt' ich mir in meinem Innern
Mit furchtbarem Eidschwur, den nur Gott gehört,
Daß meines nächsten Schusses erstes Ziel
Dein Herz sein sollte — Was ich mir gelobt
In jenes Augenblickes Höllenqualen,
Ist eine heil'ge Schuld: ich will sie zahlen.

Du bist mein Herr und meines Kaisers Vogt;
Doch nicht der Kaiser hätte sich erlaubt,
Was du — Er sandte dich in diese Lande,
Um Recht zu sprechen[2] — strenges, denn er zürnet —
Doch nicht, um mit der mörderischen Lust
Dich jedes Gräuels straflos zu erfrechen;[3]
Es lebt ein Gott, zu strafen und zu rächen.

Komm du hervor,[4] du Bringer bittrer Schmerzen,
Mein theures Kleinod jetzt, mein höchster Schatz —
Ein Ziel will ich dir geben, das bis jetzt
Der frommen Bitte undurchdringlich war —
Doch dir soll es nicht widerstehn — Und du,
Vertraute Bogensehne,[5] die so oft
Mir treu gedient hat in der Freude Spielen,
Verlass' mich nicht im fürchterlichen Ernst!
Nur jetzt noch halte fest, du treuer Strang,
Der mir so oft den herben Pfeil beflügelt —[6]
Entränn' er[7] jetzo kraftlos meinen Händen,
Ich habe keinen zweiten zu versenden.

(Wanderer gehen über die Scene.)

---

[1] Ringen, to writhe; [2] Recht zu sprechen, to judge, to pronounce judgment; [3] sich straflos zu erfrechen, to dare, to do with impunity; [4] *addressing his arrow;* [5] Vertraute Bogensehne, trusty bowstring; [6] der mir so oft den herben Pfeil beflügelt, that so often has winged my hurbed arrow; [7] Entränn er, if it escaped.

Auf diese Bank von Stein will ich mich setzen,
Dem Wanderer zur kurzen Ruh' bereitet —
Denn hier ist keine Heimat — Jeder treibt
Sich an dem Andern rasch und fremd vorüber[1]
Und fraget nicht nach seinem Schmerz — Hier geht
Der sorgenvolle Kaufmann und der leicht
Geschürzte Pilger — der andächt'ge Mönch,
Der düstre Räuber und der heitre Spielmann,
Der Säumer[2] mit dem Schwer beladnen Roß,
Der ferne herkommt von der Menschen Ländern,
Denn jede Straße führt ans End' der Welt.
Sie alle ziehen ihres Weges fort
An ihr Geschäft — und meines ist der Mord!

(Setzt sich.)

Sonst, wenn der Vater auszog, liebe Kinder,
Da war ein Freuen, wenn er wieder kam;
Denn niemals kehrt' er heim, er bracht' euch etwas,
War's eine schöne Alpenblume, war's
Ein seltner Vogel oder Ammonshorn,
Wie es der Wandrer findet auf den Bergen —
Jetzt geht er einem andern Waidwerk[3] nach,
Am wilden Weg sitzt er mit Mordgedanken;
Des Feindes Leben ist's, worauf er lauert.
— Und doch an euch nur denkt er, liebe Kinder,
Auch jetzt — Euch zu vertheid'gen, eure holde Unschuld
Zu schützen vor der Rache des Tyrannen,
Will er zum Morde jetzt den Bogen spannen.

(Steht auf.)

Ich laure auf ein edles Wild — Läßt sich's
Der Jäger nicht verdrießen,[4] Tage lang
Umher zu streifen in des Winters Strenge,

---

[1] Sich vorüber treiben, to jostle by; [2] carrier; [3] game, quarry; [4] der Jäger läßt sich's nicht verdrießen, the hunter grudges no pains.

Von Fels zu Fels den Wagesprung zu thun,
Hinan zu klimmen an den glatten Wänden,
Wo er sich anleimt mit dem eignen Blut,
— Um ein armselig Gratthier[1] zu erjagen.
Hier gilt es einen köstlicheren Preis,
Das Herz des Todfeinds, der mich will verderben.

(Man hört von Ferne eine heitere Musik, welche sich nähert.)

Mein ganzes Leben lang hab' ich den Bogen
Gehandhabt, mich geübt nach Schützenregel;
Ich habe oft geschossen in das Schwarze[2]
Und manchen schönen Preis mir heimgebracht
Vom Freudenschießen[3] — Aber heute will ich
Den Meisterschuß thun und das Beste mir
Im ganzen Umkreis des Gebirgs gewinnen.

(Eine Hochzeit zieht über die Scene und durch den Hohlweg hinauf. Tell betrachtet sie, auf seinen Bogen gelehnt; **Stüssi**, der Flurschütz, gesellt sich zu ihm.)

Stüssi.

Das ist der Klostermeir von Mörlischachen,
Der hier den Brautlauf[4] hält — ein reicher Mann;
Er hat wohl zehen Senten[5] auf den Alpen.
Die Braut holt er jetzt ab zu Imisee,
Und diese Nacht wird hoch geschwelgt[6] zu Küßnacht.
Kommt mit! 's ist jeder Biedermann geladen.

Tell.

Ein ernster Gast stimmt nicht zum Hochzeithaus.

Stüssi.

Drückt Euch ein Kummer, werft ihn frisch vom Herzen!
Nehmt mit, was kommt; die Zeiten sind jetzt schwer;
Drum muß der Mensch die Freude leicht ergreifen.
Hier wird gefreit und anderswo begraben.[7]

---

[1] Chamois; [2] the centre of the target; [3] target-shooting, a festival; [4] bridal procession; [5] *Prov.* Sente, pasture; [6] wird hoch geschwelgt, there is great revelry; [7] hier wird gefreit und anderswo begraben, here they marry, there they bury.

Tell.

Und oft kommt gar das Eine zu dem Andern.

Stüssi.

So geht die Welt nun. Es gibt allerwegen
Unglücks genug — Ein Ruffi ist gegangen
Im Glarner Land, und eine ganze Seite
Vom Glärnisch eingesunken.[1]

Tell.

Wanken auch
Die Berge selbst? Es steht nichts fest auf Erden.

Stüssi.

Auch anderswo vernimmt man Wunderdinge.
Da sprach ich Einen, der von Baden kam.
Ein Ritter wollte zu dem König reiten,
Und unterwegs begegnet ihm ein Schwarm
Von Hornissen; die fallen auf sein Roß,
Daß es vor Marter todt zu Boden sinkt,
Und er zu Fuße ankommt bei dem König.

Tell.

Dem Schwachen ist sein Stachel auch gegeben.

Armgart (kommt mit mehreren Kindern und stellt sich an den Eingang des Hohlwegs.)

Stüssi.

Man deutet's[2] auf ein großes Landesunglück,
Auf schwere Thaten wider die Natur.

Tell.

Dergleichen Thaten bringet jeder Tag;
Kein Wunderzeichen braucht sie zu verkünden.

Stüssi.

Ja, wohl Dem, der sein Feld bestellt in Ruh'
Und ungekränkt daheim sitzt bei den Seinen.

---

[1] Ein Ruffi..., Sw. Pr., in Glarus there has been a landslip, and a whole side of the Glarnish (a mountain) has fallen; [2] man deutet es, they say it forebodes, prognosticates.

Tell.

Es kann der Frömmste nicht im Frieden bleiben,
Wenn es dem bösen Nachbar nicht gefällt.

(Tell sieht oft mit unruhiger Erwartung nach der Höhe des Weges.)

Stüssi.

Gehabt Euch wohl — Ihr wartet hier auf Jemand?

Tell.

Das thu' ich.

Stüssi.

Frohe Heimkehr zu den Euren!
— Ihr seid aus Uri? Unser gnäd'ger Herr,
Der Landvogt, wird noch heut' von dort erwartet.

Wandrer (kommt).

Den Vogt erwartet heut' nicht mehr. Die Wasser
Sind ausgetreten von dem großen Regen,
Und alle Brücken hat der Strom zerrissen.

(Tell steht auf.)

Armgart (kommt vorwärts).

Der Landvogt kommt nicht!

Stüssi.

Sucht Ihr was an ihn?

Armgart.

Ach, freilich!

Stüssi.

Warum stellet Ihr Euch denn
In dieser hohlen Gass' ihm in den Weg?

Armgart.

Hier weicht er mir nicht aus, er muß mich hören.

Frießhardt

kommt eilfertig den Hohlweg herab und ruft in die Scene).

Man fahre aus dem Weg — Mein gnäd'ger Herr,
Der Landvogt, kommt dicht hinter mir geritten.

(Tell geht ab.)

Armgart (lebhaft).

Der Landvogt kommt!

(Sie geht mit ihren Kindern nach der vordern Scene. Geßler und Rudolph der Harras zeigen sich zu Pferd auf der Höhe des Wegs.)

Stüssi (zum Frießhardt).

Wie kamt ihr durch das Wasser,
Da doch der Strom die Brücken fortgeführt?

Frießhardt.

Wir haben mit dem See gefochten, Freund,
Und fürchten uns vor keinem Alpenwasser.

Stüssi.

Ihr wart zu Schiff in dem gewalt'gen Sturm

Frießhardt.

Das waren wir. Mein' Lebtag' denk' ich dran —

Stüssi.

O, bleibt, erzählt!

Frießhardt.

Laß mich, ich muß voraus,
Den Landvogt muß ich in der Burg verkünden.

(Ab.)

Stüssi.

Wärn gute Leute auf dem Schiff gewesen,
In Grund gesunken wär's mit Mann und Maus;
Dem Volk kann weder Wasser bei noch Feuer.[1]

(Er sieht sich um.)

Wo kam der Waidmann hin, mit dem ich sprach?

(Geht ab.)

Geßler und **Rudolph der Harras** zu Pferd.

Geßler.

Sagt, was Ihr wollt, ich bin des Kaisers Diener
Und muß drauf denken, wie ich ihm gefalle.
Er hat mich nicht ins Land geschickt, dem Volk

[1] Beikönnen, to be able to hurt.

Zu schmeicheln und ihm sanft zu thun — Gehorsam
Erwartet er; der Streit ist, ob der Bauer
Soll Herr sein in dem Lande oder der Kaiser.

Armgart.

Jetzt ist der Augenblick! Jetzt bring' ich's an![1]
(Nähert sich furchtsam.)

Geßler.

Ich hab' den Hut nicht aufgesteckt zu Altdorf
Des Scherzes wegen oder um die Herzen
Des Volks zu prüfen; diese kenn' ich längst.
Ich hab' ihn aufgesteckt, daß sie den Nacken
Mir lernen beugen, den sie aufrecht tragen —
Das Unbequeme hab' ich hingepflanzt
Auf ihren Weg, wo sie vorbeigehn müssen,
Daß sie drauf stoßen[2] mit dem Aug' und sich
Erinnern ihres Herrn, den sie vergessen.

Rudolph.

Das Volk hat aber doch gewisse Rechte —

Geßler.

Die abzuwägen, ist jetzt keine Zeit!
— Weitschicht'ge[3] Dinge sind im Werk und Werden;
Das Kaiserhaus will wachsen; was der Vater
Glorreich begonnen, will der Sohn vollenden.
Dies kleine Volk ist uns ein Stein im Weg —
So oder so — es muß sich unterwerfen.
(Sie wollen vorüber. Die Frau wirft sich vor dem Landvogt nieder.)

Armgart.

Barmherzigkeit, Herr Landvogt! Gnade! Gnade!

Geßler.

Was bringt Ihr Euch auf offener Straße mir
In Weg — Zurück!

---

[1] Es anbringen, to make the application; [2] daß sie drauf stoßen mit dem Auge, that it may strike their eye; [3] weitschichtig, high, momentous.

Armgart.

Mein Mann liegt im Gefängniß;
Die armen Waisen schrein nach Brod — Habt Mitleid,
Gestrenger Herr, mit unserm großen Elend!

Rudolph.

Wer seid Ihr? Wer ist Euer Mann?

Armgart.

Ein armer
Wildheuer,[1] guter Herr, vom Rigiberge,
Der überm Abgrund weg das freie Gras
Abmähet von den schroffen Felsenwänden,
Wohin das Vieh sich nicht getraut zu steigen —

Rudolph (zum Landvogt).

Bei Gott, ein elend und erbärmlich Leben!
Ich bitt' Euch, gebt ihn los, den armen Mann!
Was er auch Schweres mag verschuldet haben,
Strafe genug ist sein entsetzlich Handwerk.
(Zu der Frau.)
Euch soll Recht werden[2] — Drinnen auf der Burg
Nennt Eure Bitte — Hier ist nicht der Ort.

Armgart.

Nein, nein, ich weiche nicht von diesem Platz,
Bis mir der Vogt den Mann zurückgegeben!
Schon in den sechsten Mond liegt er im Thurm
Und harret auf den Richterspruch vergebens.

Geßler.

Weib, wollt Ihr mir Gewalt anthun? Hinweg!

Armgart.

Gerechtigkeit, Landvogt! Du bist der Richter
Im Lande an des Kaisers Statt und Gottes.

---

[1] The word is explained by what follows; [2] justice shall be done to you.

Thu' deine Pflicht! So du Gerechtigkeit
Vom Himmel hoffest, so erzeig' sie uns!

Geßler.

Fort! Schafft das freche Volk mir aus den Augen!

Armgart (greift in die Zügel des Pferdes).

Nein, nein, ich habe nichts mehr zu verlieren.
— Du kommst nicht von der Stelle, Vogt, bis du
Mir Recht gesprochen — Falte deine Stirne,
Rolle die Augen, wie du willst — Wir sind
So gränzenlos unglücklich, daß wir nichts
Nach deinem Zorn mehr fragen[1] —

Geßler.

Weib', mach Platz,
Oder mein Roß geht über dich hinweg.

Armgart.

Laß es über mich dahin gehn — Da —
(Sie reißt ihre Kinder zu Boden und wirft sich mit ihnen ihm in den Weg.)
Hier lieg' ich
Mit meinen Kindern — Laß die armen Waisen
Von deines Pferdes Huf zertreten werden!
Es ist das Aergste nicht, was du gethan —

Rudolph.

Weib, seid Ihr rasend?

Armgart (heftiger fortfahrend).

Tratest du doch längst
Das Land des Kaisers unter deine Füße!
— O, ich bin nur ein Weib! Wär' ich ein Mann,
Ich wüßte wohl was Besseres, als hier
Im Staub zu liegen —

(Man hört die vorige Musik wieder auf der Höhe des Wegs, aber gedämpft.)

Geßler.

Wo sind meine Knechte?

[1] Fragen nach, to care for.

Man reiße sie von hinnen, oder ich
Vergesse mich und thue, was mich reuet.

Rudolph.

Die Knechte können nicht hindurch, o Herr!
Der Hohlweg ist gesperrt durch eine Hochzeit.

Geßler.

Ein allzu milder Herrscher bin ich noch
Gegen dies Volk — die Zungen sind noch frei,
Es ist noch nicht ganz, wie es soll, gebändigt —
Doch es soll anders werden, ich gelob' es:
Ich will ihn brechen, diesen starren Sinn,
Den kecken Geist der Freiheit will ich beugen,
Ein neu Gesetz will ich in diesen Landen
Verkündigen — Ich will —

(Ein Pfeil durchbohrt ihn; er fährt mit der Hand an das Herz und will sinken. Mit matter Stimme.)

Gott sei mir gnädig!

Rudolph.

Herr Landvogt — Gott! Was ist das? Woher kam das?

Armgart (auffahrend).

Mord! Mord! Er taumelt, sinkt! Er ist getroffen!

Rudolph (springt vom Pferde).

Welch gräßliches Ereigniß — Gott — Herr Ritter —
Ruft die Erbarmung Gottes an! Ihr seid
Ein Mann des Todes!

Geßler.

Das ist Tells Geschoß.

(Ist vom Pferde herab dem Rudolph Harras in den Arm gegleitet und wird auf der Bank niedergelassen).

Tell

(erscheint oben auf der Höhe des Felsens).

Du kennst den Schützen, suche keinen andern!

Frei sind die Hütten, sicher ist die Unschuld
Vor dir, du wirst dem Lande nicht mehr schaden.

(Verschwindet von der Höhe. Volk stürzt herein.)

Stüssi (voran).

Was gibt es hier? Was hat sich zugetragen?

Armgart.

Der Landvogt ist von einem Pfeil durchschossen.

Volk (im Hereinstürzen).

Wer ist erschossen?

(Indem die Vordersten von dem Brautzug auf die Scene kommen, sind die Hintersten noch auf der Höhe, und die Musik geht fort.)

Rudolph der Harras.

Er verblutet sich.[1]
Fort, schaffet Hülfe! Setzt dem Mörder nach!
— Verlorner Mann, so muß es mit dir enden;
Doch meine Warnung wolltest du nicht hören

Stüssi.

Bei Gott, da liegt er bleich und ohne Leben!

Viele Stimmen.

Wer hat die That gethan?

Rudolph der Harras.

Rast dieses Volk,
Daß es dem Mord Musik macht? Laßt sie schweigen!

(Musik bricht plötzlich ab, es kommt noch mehr Volk nach.)

Herr Landvogt, redet, wenn Ihr könnt — Habt Ihr
Mir nichts mehr zu vertrauen?

(Geßler gibt Zeichen mit der Hand, die er mit Heftigkeit wiederholt, da sie nicht gleich verstanden werden.)

Wo soll ich hin?
— Nach Küßnacht? Ich versteh' Euch nicht — O, werdet
Nicht ungeduldig — Laßt das Irdische!
Denkt jetzt, Euch mit dem Himmel zu versöhnen.

[1] Sich verbluten, to bleed to death.

(Die ganze Hochzeitgesellschaft umsteht den Sterbenden mit einem fühllosen Grausen.)

Stüssi.

Sieh', wie er bleich wird — Jetzt, jetzt tritt der Tod
Ihm an das Herz — die Augen sind gebrochen.[1]

Armgart (hebt ein Kind empor).

Seht, Kinder, wie ein Wütherich verscheidet!

Rudolph der Harras.

Wahnsinnige Weiber, habt ihr kein Gefühl,
Daß ihr den Blick an diesem Schrecknis weidet?[2]
— Helft — leget Hand an — Steht mir Niemand bei,[3]
Den Schmerzenspfeil ihm aus der Brust zu ziehn?

Weiber (treten zurück).

Wir ihn berühren, welchen Gott geschlagen!

Rudolph der Harras.

Fluch treff' euch und Verdammniß!
(Zieht das Schwerdt.)

Stüssi (fällt ihm in den Arm).

Wagt es, Herr!
Eu'r Walten[4] hat ein Ende. Der Tyrann
Des Landes ist gefallen. Wir erdulden
Keine Gewalt mehr. Wir sind freie Menschen.

Alle (tumultuarisch).

Das Land ist frei!

Rudolph der Harras.

Ist es dahin gekommen?
Endet die Furcht so schnell und der Gehorsam?
(Zu den Waffenknechten, die hereindringen.)
Ihr seht die grausenvolle That des Mords,
Die hier geschehen — Hülfe ist umsonst —
Vergeblich ist's, dem Mörder nachzusetzen.

---

[1] Die Augen sind gebrochen, the eyes are fixed in death; [2] den Blick weiden, to feast the sight; [3] beistehen, to assist; [4] rule.

Uns drängen andre Sorgen — Auf, nach[1] Küßnacht,
Daß wir dem Kaiser seine Veste retten!
Denn aufgelöst in diesem Augenblick
Sind aller Ordnung, aller Pflichten Bande,
Und keines Mannes Treu' ist zu vertrauen.

(Indem er mit den Waffenknechten abgeht, erscheinen **sechs barmherzige Brüder.**)

Armgart.

Platz! Platz! Da kommen die barmherz'gen Brüder.

Stüssi.

Das Opfer liegt — die Raben steigen nieder.

Barmherzige Brüder

(schließen einen Halbkreis um den Todten und singen in tiefem Ton).

Rasch tritt der Tod den Menschen an;
Es ist ihm keine Frist gegeben;[2]
Es stürzt ihn mitten in der Bahn,
Es reißt ihn fort vom vollen Leben.
Bereitet oder nicht, zu gehen,
Er muß vor seinen Richter stehen!

(Indem die letzten Zeilen wiederholt werden, fällt der Vorhang.)

---

[1] Away to; [2] eine Frist geben, to grant respite, a delay.

Fünfter Aufzug.

Erste Scene.

Oeffentlicher Platz bei Altdorf.

Im Hintergrund rechts die Veste Zwing Uri mit dem noch stehenden Baugerüste, wie in der dritten Scene des ersten Aufzugs; links eine Aussicht in viele Berge hinein, auf welchen allen Signalfeuer brennen. Es ist eben Tagesanbruch, Glocken ertönen aus verschiedenen Fernen.

Ruodi, Kuoni, Werni, Meister Steinmetz und viele andere **Landleute,** auch **Weiber** und **Kinder.**

Ruodi.

Seht ihr die Feu'rsignale auf den Bergen?

Steinmetz.

Hört ihr die Glocken drüben überm Wald?

Ruodi.

Die Feinde sind verjagt.

Steinmetz.

Die Burgen sind erobert.

Ruodi.

Und wir im Lande Uri dulden noch
Auf unserm Boden das Tyrannenschloß?
Sind wir die Letzten, die sich frei erklären?

Steinmetz.

Das Joch soll stehen, das uns zwingen wollte?
Auf, reißt es nieder!

Alle.

Nieder! nieder! nieder!

Ruodi.

Wo ist der Stier von Uri?

Stier von Uri.

Hier. Was soll ich?

Ruodi.

Steigt auf die Hochwacht, blast in Euer Horn,
Daß es weitschmetternd in die Berge schalle
Und, jedes Echo in den Felsenklüften
Aufweckend, schnell die Männer des Gebirgs
Zusammenrufe!

(Stier von Uri geht ab. **Walther Fürst** kommt.)

Walther Fürst.

Haltet, Freunde! Haltet!
Noch fehlt uns Kunde, was in Unterwalden
Und Schwytz geschehen. Laßt uns Boten erst
Erwarten.

Ruodi.

Was erwarten? Der Tyrann
Ist todt, der Tag der Freiheit ist erschienen.

Steinmetz.

Ist's nicht genug an diesen flammenden Boten,
Die rings herum auf allen Bergen leuchten?

Ruodi.

Kommt Alle, kommt, legt Hand an,[1] Männer und Weiber!
Brecht das Gerüste! Sprengt die Bogen! Reißt
Die Mauern ein! Kein Stein bleib' auf dem andern.

Steinmetz.

Gesellen, kommt! Wir haben's aufgebaut;
Wir wissen's zu zerstören.

Alle.

Kommt, reißt nieder!

(Sie stürzen sich von allen Seiten auf den Bau.)

[1] Legt Hand an, lend a helping hand, go to work.

Walther Fürst.

Es ist im Lauf.[1] Ich kann sie nicht mehr halten.

Melchthal und **Baumgarten** kommen.

Melchthal.

Was? Steht die Burg noch, und Schloß Sarnen liegt
In Asche, und der Roßberg ist gebrochen?

Walther Fürst.

Seid Ihr es, Melchthal? Bringt Ihr uns die Freiheit?
Sagt, sind die Lande alle rein vom Feind?

Melchthal (umarmt ihn).

Rein ist der Boden. Freut Euch, alter Vater!
In diesem Augenblicke, da wir reden,
Ist kein Tyrann mehr in der Schweizer Land.

Walther Fürst.

O, sprecht, wie wurdet ihr der Burgen mächtig?

Melchthal.

Der Rudenz war es, der das Sarner Schloß
Mit männlich kühner Wagethat gewann.
Den Roßberg hatt' ich Nachts zuvor erstiegen.
— Doch höret, was geschah. Als wir das Schloß
Von Feind geleert, nun freudig angezündet,
Die Flamme prasselnd schon zum Himmel schlug,
Da stürzt der Diethelm, Geßler's Bub', hervor
Und ruft, daß die Bruneckerin[2] verbrenne.

Walther Fürst.

Gerechter Gott!

(Man hört die Balken des Gerüstes stürzen.)

Melchthal.

Sie war es selbst, war heimlich
Hier eingeschlossen auf des Vogt's Geheiß.

---

[1] The ball is set in motion; [2] die Bruneckerin, Bartha von Bruneck.

Rasend erhob sich Rudenz — denn wir hörten
Die Balken schon, die festen Pfosten stürzen
Und aus dem Rauch hervor den Jammerruf
Der Unglückseligen.

Walther Fürst.

Sie ist gerettet?

Melchthal.

Da galt Geschwindsein und Entschlossenheit![1]
— Wär' er nur unser Edelmann gewesen,
Wir hätten unser Leben wohl geliebt;
Doch er war unser Eidgenoß, und Bertha
Ehrte das Volk — so setzten wir getrost
Das Leben[2] dran und stürzten in das Feuer.

Walther Fürst.

Sie ist gerettet?

Melchthal.

Sie ist's. Rudenz und ich,
Wir trugen sie selbander[3] aus den Flammen,
Und hinter uns fiel krachend das Gebälk.[4]
— Und jetzt, als sie gerettet sich erkannte,
Die Augen aufschlug zu dem Himmelslicht,
Jetzt stürzte mir der Freiherr an das Herz,
Und schweigend ward ein Bündniß jetzt beschworen,
Das fest gehärtet in des Feuers Glut
Bestehen wird in allen Schicksalsproben[6] —

Walther Fürst.

Wo ist der Landenberg?

Melchthal.

Ueber den Brünig.
Nicht lag's an mir,[7] daß er das Licht der Augen

---

[1] Da galt Geschwindsein und Entschlossenheit, here promptitude and resolution were required; [2] das Leben dran setzen, to risk life· [3] together; [4] the frame-work; [5] to endure; [6] trials of fate; [7] nicht lag's an mir, it was not my fault.

Davontrug, der den Vater mir geblendet.
Nach jagt' ich ihm, erreicht' ihn auf der Flucht
Und riß ihn zu den Füßen meines Vaters.
Geschwungen über ihn war schon das Schwert;
Von der Barmherzigkeit des blinden Greises
Erhielt er flehend das Geschenk des Lebens.
Urphede schwor er,[1] nie zurück zu kehren;
Er wird sie halten; unsern Arm hat er
Gefühlt.

Walther Fürst.

Wohl Euch, daß Ihr den reinen Sieg
Mit Blute nicht geschändet!

Kinder

(eilen mit Trümmern des Gerüstes über die Scene).

Freiheit! Freiheit!

(Das Horn von Uri wird mit Macht geblasen.)

Walther Fürst.

Seht, welch ein Fest! Des Tages werden sich
Die Kinder spät als Greise noch erinnern.

(Mädchen bringen den Hut auf einer Stange getragen; die ganze Scene füllt sich mit Volk an.)

Ruodi.

Hier ist der Hut, dem wir uns beugen mußten.

Baumgarten.

Gebt uns Bescheid, was damit werden soll.[2]

Walther Fürst.

Gott! Unter diesem Hute stand mein Enkel!

Mehrere Stimmen.

Zerstört das Denkmal der Tyrannenmacht!
Ins Feuer mit ihm!

Walther Fürst.

Nein, laßt ihn aufbewahren

---

[1] Urphede schwören, to swear to forego all hostile enterprizes; [2] was daraus werden soll, what shall be done with it.

Der Tyrannei mußt' er zum Werkzeug dienen;
Er soll der Freiheit ewig Zeichen sein!

(Die Landleute, Männer, Weiber und Kinder stehen und sitzen auf den Balken des zerbrochenen Gerüstes malerisch gruppirt in einem großen Halbkreis umher.)

Melchthal.

So stehen wir nun fröhlich auf den Trümmern
Der Tyrannei, und herrlich ist's erfüllt,
Was wir im Rütli schworen, Eidgenossen!

Walther Fürst.

Das Werk ist angefangen, nicht vollendet.
Jetzt ist uns Muth und feste Eintracht noth:[1]
Denn, seid gewiß, nicht säumen wird der König,
Den Tod zu rächen seines Vogts und den
Vertriebnen mit Gewalt zurück zu führen.

Melchthal.

Er zieh' heran mit seiner Heeresmacht!
Ist aus dem Innern doch der Feind verjagt;
Dem Feind von Außen wollen wir begegnen.

Ruodi.

Nur wen'ge Pässe öffnen ihm das Land;
Die wollen wir mit unsern Leibern decken.

Baumgarten.

Wir sind vereinigt durch ein ewig Band,
Und seine Heere sollen uns nicht schrecken!

Rösselmann und **Stauffacher** kommen.

Rösselmann (im Eintreten).

Das sind des Himmels furchtbare Gerichte.

Landleute.

Was gibt's?

Rösselmann.

In welchen Zeiten leben wir!

---

[1] Ist uns noth, we need.

Walther Fürst.

Sagt an, was ist es? Ha, seid Ihr's, Herr Werner?
Was bringt Ihr uns?

Landleute.

Was gibt's?

Rösselmann.

Hört und erstaunt!

Stauffacher.

Von einer großen Furcht sind wir befreit —

Rösselmann.

Der Kaiser ist ermordet.

Walther Fürst.

Gnäd'ger Gott!

(Landleute machen einen Aufstand und umdrängen den Stauffacher.)

Alle.

Ermordet! Was? Der Kaiser! Hört! Der Kaiser!

Melchthal.

Nicht möglich! Woher kam Euch diese Kunde?

Stauffacher.

Es ist gewiß. Bei Bruck[1] fiel König Albrecht
Durch Mörders Hand — ein glaubenswerther Mann,
Johannes Müller, bracht' es von Schaffhausen.

Walther Fürst.

Wer wagte solche grauenvolle That?

Stauffacher.

Sie wird noch grauenvoller durch den Thäter.
Es war sein Neffe, seines Bruders Kind,
Herzog Johann von Schwaben,[2] der's vollbrachte.

Melchthal.

Was trieb ihn zu der That des Vatermords?

Stauffacher.

Der Kaiser hielt das väterliche Erbe

---

[1] P. N., name of a place; [2] Suabia.

Dem ungeduldig Mahnenden[1] zurück;
Es hieß,[2] er denk' ihn ganz darum zu kürzen,[3]
Mit einem Bischofshut ihn abzufinden.
Wie dem auch sei — der Jüngling öffnete
Der Waffenfreunde bösem Rath sein Ohr,
Und mit den edeln Herrn von Eschenbach,
Von Tegerfelden, von der Wart und Palm
Beschloß er, da er Recht nicht konnte finden,
Sich Rach' zu holen mit der eignen Hand.

Walther Fürst.

O, sprecht, wie ward das Gräßliche vollendet?

Stauffacher.

Der König ritt herab vom Stein zu Baden,
Gen Rheinfeld, wo die Hofstatt war, zu ziehn,
Mit ihm die Fürsten Hans und Leopold
Und ein Gefolge hochgeborner Herren.
Und, als sie kamen an die Reuß, wo man
Auf einer Fähre sich läßt übersetzen,[4]
Da drängten sich die Mörder in das Schiff,
Daß sie den Kaiser vom Gefolge trennten.
Drauf, als der Fürst durch ein geackert Feld
Hinreitet — eine alte große Stadt
Soll[5] drunter liegen aus der Heidenzeit —
Die alte Veste Habsburg im Gesicht,
Wo seines Stammes Hoheit ausgegangen[6] —
Stößt Herzog Hans den Dolch ihm in die Kehle,
Rudolph von Palm durchrennt ihm mit dem Speer,
Und Eschenbach zerspaltet ihm das Haupt,
Daß er heruntersinkt in seinem Blut,
Gemordet von den Seinen auf dem Seinen.[7]

---

[1] Der ungeduldig Mahnende, the one who asks impatiently for a thing; mahnen, to dun; [2] it was said; [3] to cut him off altogether; [4] übersetzen, to cross over; [5] is said; [6] sprung from, arisen; [7] von den Seinen auf dem Seinen, by his (subjects) on his (territory).

Am andern Ufer sahen sie die That;
Doch, durch den Strom geschieden, konnten sie
Nur ein unmächtig Wehgeschrei erheben;
Am Wege aber saß ein armes Weib;
In ihrem Schoß verblutete der Kaiser.

Melchthal.

So hat er nur sein frühes Grab gegraben,
Der unersättlich Alles wollte haben!

Stauffacher.

Ein ungeheurer Schrecken ist im Land umher:
Gesperrt sind alle Pässe des Gebirgs;
Jedweder Stand verwahret seine Gränzen;
Die alte Zürich selbst schloß ihre Thore,
Die dreißig Jahr' lang offen standen, zu,
Die Mörder fürchtend und noch mehr — die Rächer.
Denn, mit des Bannes Fluch[1] bewaffnet, kommt
Der Ungarn Königin, die strenge Agnes,
Die nicht die Milde kennet ihres zarten
Geschlechts, des Vaters königliches Blut
Zu rächen an der Mörder ganzem Stamm,
An ihren Knechten, Kindern, Kindeskindern,
Ja, an den Steinen ihrer Schlösser selbst.
Geschworen hat sie, ganze Zeugungen[2]
Hinabzusenden in des Vaters Grab,
In Blut sich, wie in Maienthau, zu baden.

Melchthal.

Weiß man, wo sich die Mörder hingeflüchtet?

Stauffacher.

Sie flohen alsbald nach vollbrachter That
Auf fünf verschiednen Straßen auseinander
Und trennten sich, um nie sich mehr zu sehn —
Herzog Johann soll irren im Gebirge.

---

[1] Des Bannes Flug, anathema; [2] generations.

Walther Fürst.

So trägt die Unthat ihnen keine Frucht
Rache trägt keine Frucht! Sich selbst ist sie
Die fürchterliche Nahrung, ihr Genuß
Ist Mord, und ihre Sättigung das Grausen.[1]

Stauffacher.

Den Mördern bringt die Unthat nicht Gewinn;
Wir aber brechen mit der reinen Hand
Des blut'gen Frevels segenvolle Frucht.
Denn einer großen Furcht sind wir entledigt;
Gefallen ist der Freiheit größter Feind,
Und, wie verlautet, wird das Scepter gehn
Aus Habsburgs Haus zu einem andern Stamm:
Das Reich will seine Wahlfreiheit[2] behaupten.

Walther Fürst und Mehrere.

Vernahmt Ihr was?

Stauffacher.

Der Graf von Luxemburg
Ist von den mehrsten Stimmen schon bezeichnet.

Walther Fürst.

Wohl uns, daß wir am Reiche treu gehalten:
Jetzt ist zu hoffen auf Gerechtigkeit!

Stauffacher.

Dem neuen Herrn thun tapfre Freunde noth;
Er wird uns schirmen gegen Oestreichs Rache.

(Die Landleute umarmen einander.)

Sigrist mit einem **Reichsboten**.

Sigrist.

Hier sind des Landes würd'ge Oberhäupter.

---

[1] Und ihre Sättigung das Grausen, and she gluts on horror; [2] Elective franchise.

Rösselmann und Mehrere.

Sigrist, was gibt's?

Sigrist.

Ein Reichsbot' bringt dies Schreiben.

Alle (zu Walther Fürst.)

Erbrecht und leset!

Walther Fürst (liest).

„Den bescheidnen Männern
„Von Uri, Schwytz und Unterwalden bietet
„Die Königin Elsbeth Gnad' und alles Gute."

Viele Stimmen.

Was will die Königin? Ihr Reich ist aus.

Walther Fürst (liest).

„In ihrem großen Schmerz und Wittwenleid,
„Worein der blut'ge Hinscheid[1] ihres Herrn
„Die Königin versetzt, gedenkt sie noch
„Der alten Treu' und Lieb' der Schwytzerlande."

Melchthal.

In ihrem Glück hat sie das nie gethan

Rösselmann.

Still! Lasset hören!

Walther Fürst (liest)

„Und sie versieht[2] sich zu dem treuen Volk,
„Daß es gerechten Abscheu werde tragen
„Vor den verfluchten Thätern dieser That;
„Darum erwartet sie von den drei Landen,
„Daß sie den Mördern nimmer Vorschub thun,[3]
„Vielmehr getreulich dazu helfen werden,
„Sie auszuliefern in des Rächers Hand,
„Der Lieb' gedenkend und der alten Gunst,
„Die sie von Rudolphs Fürstenhaus empfangen."

(Zeichen des Unwillens unter den Landleuten.)

---

[1] Hinscheid, death; [2] sich versehen zu, to expect from; [3] Vorschub thun, to abet.

Viele Stimmen.

Der Lieb' und Gunst!

Stauffacher.

Wir haben Gunst empfangen von dem Vater;
Doch wessen rühmen wir uns von dem Sohn?
Hat er den Brief der Freiheit uns bestätigt,
Wie *vor* ihm alle Kaiser doch gethan?
Hat er gerichtet nach gerechtem Spruch
Und der bedrängten Unschuld Schutz verliehn?
Hat er auch nur die Boten wollen hören,
Die wir in unsrer Angst zu ihm gesendet?
Nicht eins von diesem allem hat der König
An uns gethan, und, hätten wir nicht selbst
Uns Recht verschafft mit eigner muth'ger Hand,
Ihn rührte unsre Noth nicht an — Ihm Dank?
Nicht Dank hat er gesät in diesen Thälern.
Er stand auf einem hohen Platz, er konnte
Ein Vater seiner Völker sein; doch ihm
Gefiel es, nur zu sorgen für die Seinen;
Die er gemehrt hat,[1] mögen um ihn weinen!

Walther Fürst.

Wir wollen nicht frohlocken seines Falls,
Nicht des empfangnen Bösen *jetzt* gedenken,
Fern sei's von uns! Doch, daß wir *rächen* sollten
Des Königs Tod, der nie uns Gutes that,
Und die verfolgen, die uns nie betrübten,
Das ziemt[2] uns nicht und will uns nicht gebühren.[3]
Die Liebe will ein freies Opfer sein;
Der Tod entbindet von erzwungnen Pflichten!
— Ihm haben wir nichts weiter zu entrichten.

[1] Die er gemehrt hat, those whom he has enriched; [2] ziemen, to behoove; [3] gebühren, to become, to behoove.

Melchthal.

Und, weint die Königin in ihrer Kammer,
Und klagt ihr wilder Schmerz den Himmel an,
So seht ihr hier ein angstbefreites Volk
Zu eben diesem Himmel dankend flehen —
Wer Thränen ernten will, muß Liebe säen.

(Reichsbote geht ab.)

Stauffacher (zu dem Volk).

Wo ist der Tell? Soll er allein uns fehlen,
Der unsrer Freiheit Stifter ist? Das Größte
Hat er gethan, das Härteste erduldet.
Kommt Alle, kommt, nach seinem Haus zu wallen,
Und rufet Heil dem Retter von uns Allen.

(Alle gehen ab.)

Zweite Scene.

Tells Hausflur.[1]

Ein Feuer brennt auf dem Heerd. Die offenstehende Thüre zeigt ins Freie.

Hedwig. Walther und **Wilhelm.**

Hedwig.

Heut' kommt der Vater. Kinder, liebe Kinder!
Er lebt, ist frei, und wir sind frei und Alles!
Und euer Vater ist's, der's Land gerettet.

Walther.

Und ich bin auch dabei gewesen, Mutter!
Mich muß man auch mit nennen. Vaters Pfeil
Ging mir am Leben hart vorbei, und ich
Hab' nicht gezittert.

Hedwig (umarmt ihn).

Ja, du bist mir wieder
Gegegeben! Zweimal hab' ich dich geboren!

---

[1] Hall of Tell's house.

Zweimal litt ich den Mutterschmerz um dich!
Es ist vorbei — Ich hab' euch Beide, Beide!
Und heute kommt der liebe Vater wieder!

(Ein **Mönch** erscheint an der Hausthüre.)

Wilhelm.

Sieh', Mutter, sieh, — dort steht ein frommer Bruder!
Gewiß wird er um eine Gabe flehn.

Hedwig.

Führ' ihn herein, damit wir ihn erquicken;
Er fühlt's, daß er ins Freudenhaus gekommen.

(Geht hinein und kommt bald mit einem Becher wieder.)

Wilhelm (zum Mönch).

Kommt, guter Mann! die Mutter will Euch laben.

Walther.

Kommt, ruht Euch aus und geht gestärkt von dannen

Mönch

(scheu umherblickend, mit verstörten Zügen).

Wo bin ich? Saget an, in welchem Lande?

Walther.

Seid Ihr verirret, daß Ihr das nicht wißt?
Ihr seid zu Bürglen, Herr, im Lande Uri,
Wo man hineingeht in das Schächenthal.[1]

Mönch (zu Hedwig, welche zurückkommt).

Seid Ihr allein? Ist Euer Herr zu Hause?

Hedwig.

Ich erwart' ihn eben — doch was ist Euch, Mann?
Ihr seht nicht aus, als ob Ihr Gutes brächtet.
— Wer Ihr auch seid, Ihr seid bedürftig, nehmt!

(Reicht ihm den Becher.)

Mönch.

Wie auch mein lechzend Herz nach Labung schmachtet,
Nichts rühr' ich an, bis Ihr mir zugesagt —

---

[1] Valley of the Schachen.

Hedwig

Berührt mein Kleid nicht, tretet mir nicht nah',
Bleibt ferne stehn, wenn ich Euch hören soll.

Mönch.

Bei diesem Feuer, das hier gastlich lodert,
Bei Eurer Kinder theurem Haupt, das ich
Umfasse —

(Ergreift die Knaben.)

Hedwig.

Mann, was sinnet Ihr? Zurück
Von meinen Kindern! — Ihr seid kein Mönch! Ihr seid
Es nicht! Der Friede wohnt in diesem Kleide;
In Euren Zügen [1] wohnt der Friede nicht.

Mönch.

Ich bin der unglückseligste der Menschen.

Hedwig.

Das Unglück spricht gewaltig zu dem Herzen;
Doch Euer Blick schnürt mir das Innre zu.[2]

Walther (aufspringend).

Mutter, der Vater!

(Eilt hinaus.)

Hedwig.

O mein Gott!

(Will nach, zittert und hält sich an.)

Wilhelm (eilt nach).

Der Vater!

Walther (draußen).

Da bist du wieder!

Wilhelm (draußen).

Vater, lieber Vater!

Tell (draußen).

Da bin ich wieder — Wo ist eure Mutter?

(Treten herein.)

---

[1] Features; [2] schnürt mir das Innere zu, oppresses my heart.

Walther.

Da steht sie an der Thür' und kann nicht weiter;
So zittert sie vor Schrecken und vor Freude.

Tell.

O Hedwig! Hedwig! Mutter meiner Kinder
Gott hat geholfen — uns trennt kein Tyrann mehr.

Hedwig (an seinem Halse).

O Tell! Tell! welche Angst litt ich um dich!

(Mönch wird aufmerksam.)

Tell.

Vergiß sie jetzt und lebe nur der Freude
Da bin ich wieder! Das ist meine Hütte!
Ich stehe wieder auf dem Meinigen!

Wilhelm.

Wo aber hast du deine Armbrust, Vater?
Ich seh' sie nicht.

Tell.

Du wirst sie nie mehr sehn.
An heil'ger Stätte ist sie aufbewahrt;
Sie wird hinfort zu keiner Jagd mehr dienen.

Hedwig.

O Tell! Tell!

(Tritt zurück, läßt seine Hand los.)

Tell.

Was erschreckt dich, liebes Weib?

Hedwig.

Wie — wie kommst du mir wieder? — Diese Hand
— Darf ich sie fassen? — Diese Hand — O Gott?

Tell (herzlich und muthig).

Hat euch vertheidigt und das Land gerettet;
Ich darf sie frei hinauf zum Himmel heben.

(Mönch macht eine rasche Bewegung, er erblickt ihn.)

Wer ist der Bruder hier?

Hedwig.

Ach, ich vergaß ihn
Sprich du mit ihm: mir graut[1] in seiner Nähe.

Mönch (tritt näher).

Seid Ihr der Tell, durch den der Landvogt fiel?

Tell.

Der bin ich, ich verberg' es keinem Menschen.

Mönch.

Ihr seid der Tell! Ach, es ist Gottes Hand,
Die unter Euer Dach mich hat geführt.

Tell (mißt ihn mit den Augen).

Ihr seid kein Mönch! Wer seid Ihr?

Mönch.

Ihr erschlugt
Den Landvogt, der Euch Böses that — Auch ich
Hab' einen Feind erschlagen, der mir Recht
Versagte — Er war Euer Feind, wie meiner
Ich hab' das Land von ihm befreit.

Tell (zurückfahrend).

Ihr seid
Entsetzen! — Kinder! Kinder, geht hinein!
Geh', liebes Weib! Geh', geh! Unglücklicher!
Ihr wäret —

Hedwig.

Gott, wer ist es?

Tell.

Frage nicht!
Fort, fort! Die Kinder dürfen es nicht hören.
Geh' aus dem Hause — weit hinweg — Du darfst
Nicht unter einem Dach mit Diesem wohnen.

Hedwig.

Weh' mir, was ist das? Kommt!

(Geht mit den Kindern.)

[1] I shudder.

Tell (zu dem Mönch).

Ihr seid der Herzog
Von Oesterreich — Ihr seid's! Ihr habt den Kaiser
Erschlagen, Euren Ohm[1] und Herrn.

Johannes Parricida.

Er war
Der Räuber meines Erbes.

Tell.

Euren Ohm
Erschlagen, Euren Kaiser! Und Euch trägt
Die Erde noch! Euch leuchtet noch die Sonne!

Parricida.

Tell, hört mich, eh' Ihr —

Tell.

Von dem Blute triefend
Des Vatermordes und des Kaisermords,
Wagst du zu treten in mein reines Haus?
Du wagst's, dein Antlitz einem guten Menschen,
Zu zeigen und das Gastrecht zu begehren?

Parricida.

Bei Euch hofft' ich Barmherzigkeit zu finden;
Auch Ihr nahmt Rach' an Eurem Feind.

Tell.

Unglücklicher!
Darfst du der Ehrsucht blut'ge Schuld vermengen
Mit der gerechten Nothwehr eines Vaters?[2]
Hast du der Kinder liebes Haupt vertheidigt?
Des Herdes Heiligthum beschützt? Das Schrecklichste,
Das Letzte von den Deinen abgewehrt?
— Zum Himmel heb' ich meine reinen Hände,

[1] Inst. of Oheim; [2] darfst du u. s. w., darest thou compare the bloody guilt of ambition with the just self-defence of a father.

Verfluche dich und deine That — Gerächt
Hab' ich die heilige Natur, die du
Geschändet — Nichts theil' ich mit dir[1] — Gemordet
Hast du, ich hab' mein Theuerstes vertheidigt.

Parricida.

Ihr stoßt mich von Euch, trostlos, in Verzweiflung?

Tell.

Mich faßt ein Grausen, da ich mit dir rede.
Fort! Wandle deine fürchterliche Straße!
Laß rein die Hütte, wo die Unschuld wohnt

Parricida (wendet sich zu gehen).

So kann ich, und so will ich nicht mehr leben!

Tell.

Und doch erbarmt mich deiner — Gott des Himmels!
So jung, von solchem adeligen Stamm,
Der Enkel Rudolphs, meines Herrn und Kaisers,
Als Mörder flüchtig, hier an meiner Schwelle,
Des armen Mannes — flehend und verzweifelnd —
(Verhüllt sich das Gesicht.)

Parricida.

O, wenn Ihr weinen könnt, laßt mein Geschick
Euch jammern: Es ist fürchterlich — Ich bin
Ein Fürst — ich war's — ich konnte glücklich werden,
Wenn ich der Wünsche Ungeduld bezwang.
Der Neid zernagte mir das Herz — Ich sah
Die Jugend meines Vetters Leopold
Gekrönt mit Ehre und mit Land belohnt
Und mich, der gleiches Alters mit ihm war,
In sklavischer Unmündigkeit gehalten —

[1] Nichts theil' ich mit dir, I have nothing in common with thee; [2] es erbarmt mich deiner, I feel pity for thee.

Tell.

Unglücklicher, wohl kannte dich dein Ohm,
Da er dir Land und Leute weigerte!
Du selbst mit rascher, wilder Wahnsinnsthat[1]
Rechtfertigst furchtbar seinen weisen Schluß.
— Wo sind die blut'gen Helfer deines Mords?

Parricida.

Wohin die Rachegeister sie geführt;
Ich sah sie seit der Unglücksthat nicht wieder.

Tell.

Weißt du, daß dich die Acht[2] verfolgt, daß du
Dem Freund verboten und dem Feind erlaubt?[3]

Parricida.

Darum vermeid' ich alle offne Straßen;
An keine Hütte wag' ich anzupochen —
Der Wüste kehr' ich meine Schritte zu;
Mein eignes Schrecknis irr' ich durch die Berge
Und fahre schaudernd vor mir selbst zurück,
Zeigt mir ein Bach mein unglückselig Bild.
O, wenn Ihr Mitleid fühlt und Menschlichkeit —
(Fällt vor ihm nieder.

Tell (abgewendet).

Steht auf! Steht auf!

Parricida.

Nicht, bis Ihr mir die Hand gereicht zur Hülfe.

Tell.

Kann ich Euch helfen? Kann's ein Mensch der Sünde?
Doch stehet auf — Was Ihr auch Gräßliches
Verübt — Ihr seid ein Mensch — Ich bin es auch

[1] Deed of madness; [2] die Acht, anathema, daß dich die Acht verfolgt, that you are outlawed; [3] daß du dem Feind u. s. w., that thy friend is forbidden (to shelter thee) and thy enemy allowed (to kill thee).

Vom Tell soll Keiner ungetröstet scheiden —
Was ich vermag, das will ich thun.

Parricida

(aufspringend und seine Hand mit Heftigkeit ergreifend).

O Tell!
Ihr rettet meine Seele von Verzweiflung.

Tell.

Laß meine Hand los — Ihr müßt fort. Hier könnt
Ihr unentdeckt nicht bleiben, könnt entdeckt
Auf Schutz nicht rechnen — Wo gedenkt Ihr hin?
Wo hofft Ihr Ruh' zu finden?

Parricida.

Weiß ich's? Ach!

Tell.

Hört, was mir Gott ins Herz gibt — Ihr müßt fort
Ins Land Italien, nach Sanct Peters Stadt!
Dort werfet Ihr Euch dem Papst zu Füßen, beichtet
Ihm Eure Schuld und löset[1] Eure Seele!

Parricida.

Wird er mich nicht dem Rächer überliefern?

Tell.

Was er Euch thut, das nehmet an von Gott.

Parricida.

Wie komm' ich in das unbekannte Land?
Ich bin des Wegs nicht kundig, wage nicht
Zu Wanderern die Schritte zu gesellen.

Tell.

Den Weg will ich Euch nennen, merket wohl!
Ihr steigt hinauf, dem Strom der Reuß entgegen,
Die wilden Laufes von dem Berge stürzt.

[1] Redeem.

Parricida (erschrickt).
Seh' ich die Reuß? Sie floß bei meiner That.

Tell.
Am Abgrund geht der Weg, und viele Kreuze
Bezeichnen ihn, errichtet zum Gedächtniß
Der Wanderer, die die Lawin' begraben.

Parricida.
Ich fürchte nicht die Schrecken der Natur,
Wenn ich des Herzens wilde Qualen zähme.

Tell.
Vor jedem Kreuze fallet hin und büßet[1]
Mit heißen Reuethränen Eure Schuld —
Und, seid Ihr glücklich durch die Schreckensstraße,
Sendet der Berg nicht seine Windeswehen[2]
Auf Euch herab von dem beeisten Joch,
So kommt Ihr auf die Brücke, welche stäubet.[3]
Wenn sie nicht einbricht unter Eurer Schuld,
Wenn Ihr sie glücklich hinter Euch gelassen,
So reißt ein schwarzes Felsenthor sich auf —
Kein Tag hat's noch erhellt — da geht Ihr durch,
Es führt Euch in ein heitres Thal der Freude —
Doch schnellen Schritts müßt Ihr vorüber eilen;
Ihr dürft nicht weilen, wo die Ruhe wohnt.

Parricida.
O Rudolph! Rudolph! Königlicher Ahn!
So zieht dein Enkel ein auf deines Reiches Boden!

Tell.
So immer steigend kommt Ihr auf die Höhen
Des Gotthardts, wo die ew'gen Seen sind,

---

[1] Büßen, to do penance; [2] Windeswehen, snow-drift; [3] to dust, this is the famous bridge known under the name of "pont du diable," devil's bridge, pilgrims going to Rome to do penance used to dust it as an act of humiliation.

Die von des Himmels Strömen selbst sich füllen.
Dort nehmt Ihr Abschied von der deutschen Erde,
Und muntern Laufs führt Euch ein andrer Strom
Ins Land Italien hinab, Euch das gelobte[1] —

(Man hört den Kuhreihen von vielen Alpenhörnern geblasen.)

Ich höre Stimmen. Fort!

Hedwig (eilt herein).

Wo bist du, Tell?
Der Vater kommt! Es nahn in frohem Zug
Die Eidgenossen alle —

Parricida (verhüllt sich).

Wehe mir!
Ich darf nicht weilen bei den Glücklichen.

Tell.

Geh', liebes Weib. Erfrische diesen Mann!
Belad' ihn reich mit Gaben: denn sein Weg
Ist weit, und keine Herberg' findet er.
Eile! Sie nahn.

Hedwig.

Wer ist er?

Tell.

Forsche nicht!
Und, wenn er geht, so wende deine Augen,
Daß sie nicht sehen, welchen Weg er wandelt!

(Parricida geht auf den Tell zu mit einer raschen Bewegung; dieser aber bedeutet ihn mit der Hand und geht. Wenn Beide zu verschiedenen Seiten abgegangen, verändert sich der Schauplatz, und man sieht in der

Letzten Scene

den ganzen Thalgrund vor Tells Wohnung, nebst den Anhöhen, welche ihn einschließen, mit Landleuten besetzt, welche sich zu einem Ganzen gruppiren. Andre kommen über einen hohen Steg, der

[1] For you the promised.

über den Schächen führt, gezogen. Walther Fürst mit den beiden Knaben, Melchthal und Stauffacher kommen vorwärts; Andre drängen nach; wie Tell heraustritt, empfangen ihn Alle mit lautem Frohlocken.)

Alle.

Es lebe Tell! der Schütz' und der Erretter!

(Indem sich die Vordersten um den Tell drängen und ihn umarmen, erscheinen noch Rudenz und Bertha, jener die Landleute, diese die Hedwig umarmend. Die Musik vom Berge begleitet diese stumme Scene. Wenn sie geendigt, tritt Bertha in die Mitte des Volks.)

Bertha.

Landleute! Eidgenossen! Nehmt mich auf
In euren Bund, die erste Glückliche,
Die Schutz gefunden in der Freiheit Land.
In eure tapfre Hand leg' ich mein Recht.
Wollt ihr als eure Bürgerin mich schützen?

Landleute.

Das wollen wir mit Gut und Blut.

Bertha.

Wohlan!
So reich' ich diesem Jüngling meine Rechte,
Die freie Schweizerin dem freien Mann

Rudenz.

Und frei erklär' ich alle meine Knechte.

(Indem die Musik von Neuem rasch einfällt, fällt der Vorhang.)

www.ingramcontent.com/pod-product-compliance
Lightning Source LLC
LaVergne TN
LVHW021400110826
845150LV00007B/1728

* 9 7 8 1 4 2 5 5 1 3 8 1 8 *